WeightWatchers®

W0462683

Süßer Backzauber

Verwöhnrezepte für Kuchen, Torten, Kekse und mehr

Zutatenlisten aller Rezepte als Einkaufszettel direkt auf Ihr Handy!

So geht's: QR-Code-Reader im Handy aufrufen und QR-Code scannen. Ein Link führt Sie zur Kapitelübersicht und später zu der Zutatenliste. Handy mit in den Supermarkt nehmen und Einkaufszettel jederzeit aufrufen.

Voraussetzung: internetfähiges Handy mit Kamerafunktion und installierter QR-Code-Reader-App. Durch die Nutzung des Internets können, abhängig von Ihrem Mobilfunkvertrag, Kosten entstehen.

Rezeptinfos:

7 ProPoints Wert — *ProPoints®* Wert und zusätzlich kJ / kcal pro Scheibe / Stück

Fertig in: entspricht dem kompletten Zeitaufwand inkl. Back-, Gar-, Marinierzeit etc.

Davon aktiv: entspricht dem Zeitaufwand der Vorbereitung wie Schneiden, Rühren etc.

Die richtige Ernährung ist der erste Schritt!

Schön, dass Sie sich für eins unserer Kochbücher entschieden haben und damit für eine gesunde und ausgewogene Ernährung. Denn dafür steht Weight Watchers immerhin schon seit mehr als 40 Jahren in Deutschland.

Weight Watchers ist weit mehr als eine Diät. Es ist ein ganzheitliches, flexibles Ernährungsprogramm. Neben einer Ernährungsumstellung sind auch Bewegung und persönliche Unterstützung wichtige Bestandteile unseres Konzeptes.

Wir bieten Coachings in wöchentlichen Treffen an, wo jeder Interessierte kennenlernen kann, wie abwechslungsreiche Ernährung und Bewegung dazu beitragen können, lange gesund und leistungsfähig zu bleiben. Und dabei auch erfolgreich sein Wunschgewicht zu erreichen. Wenn Sie mehr der Online-Typ sind, ist Weight Watchers Online vielleicht etwas für Sie – hier gibt es Zugriff auf die besten interaktiven Tools für eine erfolgreiche Abnahme. Die App für unterwegs gibt es automatisch dazu.

Denjenigen, die es individueller gestalten möchten, bieten wir auch persönliche Coachings an.

Unser Ziel ist es, ganz einfach Menschen für einen aktiven und ausgewogenen Lebensstil zu begeistern – dazu gehört auch ein gesundes Körpergewicht. Das Weight Watchers Programm basiert auf aktuellen wissenschaftlichen Erkenntnissen und langer Erfahrung. Es bietet ein Höchstmaß an Flexibilität und Alltagstauglichkeit.

Die Weight Watchers Kochbücher sind die perfekte Ergänzung auf dem eigenen Weg zum Wunschgewicht. Mit unkomplizierten Rezepten wird Kochen einfach zum Vergnügen! Die leckeren Gerichte sind problemlos nachzukochen und gelingen immer. Und das mit frischen Zutaten, die Sie in jedem gut sortierten Supermarkt erhalten. Dabei müssen Sie auf nichts verzichten und können gleichzeitig Familie und Freunde mit abwechslungsreichen Weight Watchers Gerichten verwöhnen. Unsere Fertiggerichte und Snacks runden unser Angebot ab und sind eine gesunde und schnelle Alternative im stressigen Alltag.

Wie das Weight Watchers Programm funktioniert, schildert Ihnen Nadine auf Seite 166–167.

Wir wünschen Ihnen gutes Gelingen und guten Appetit!

Ihr Weight Watchers Team

Muffins und Co.

Lassen Sie sich in unsere köstlich-leichte Muffinwelt verführen: himmlisch-schokoladig mit Toffeemuffins, fruchtig mit Brombeersäckchen oder traditionell mit Rosinenschnecken.

Rote-Grütze-Windbeutel

Fertig in: 85 Minuten
Davon aktiv: 40 Minuten

Für 12 Stück:
270 ml Wasser
60 g Halbfettmargarine
1 Prise Salz
150 g Mehl
4 Eier
250 g Beerenmischung (TK)
60 g Zucker
1 TL Speisestärke
200 ml Cremefine zum Schlagen
2 Päckchen Vanillezucker
150 g Magerquark
1 TL Puderzucker

pro Stück 4 ProPoints Wert | 696 kJ 166 kcal

1. 250 ml Wasser mit Margarine und Salz zum Kochen bringen und vom Herd nehmen. Mehl hineingeben und glatt rühren. Topf auf die noch warme Herdplatte stellen und den Teig so lange rühren, bis sich ein Kloß gebildet hat. Backofen auf 200° C (Gas: Stufe 3, Umluft: 180° C) vorheizen. Teig in eine Schüssel geben und etwas abkühlen lassen. Eier nacheinander unter den Teig rühren.

2. Teig in einen Spritzbeutel mit Sterntülle füllen und 12 Häufchen auf 2 mit Backpapier ausgelegte Backbleche spritzen. Im Backofen auf mittlerer Schiene ca. 25 Minuten backen. Windbeutel sofort halbieren und auskühlen lassen.

3. Für die Rote Grütze Beerenmischung mit Zucker aufkochen und ca. 7–10 Minuten einkochen lassen. Speisestärke mit restlichem Wasser verrühren, zu den Beeren geben, weitere ca. 2 Minuten köcheln und auskühlen lassen.

4. Cremefine mit Vanillezucker steif schlagen und unter den Quark heben. Untere Windbeutelhälften mit etwas Roter Grütze füllen. Cremefine in einen Spritzbeutel mit Lochtülle geben und auf die Rote Grütze spritzen. Deckel aufsetzen, Windbeutel mit Puderzucker bestäuben und servieren.

Käsekuchenmuffins

Fertig in: 50 Minuten
Davon aktiv: 15 Minuten

Für 6 Stück:
1 Dose Mandarinen ohne Zucker (175 g Abtropfgewicht)
250 g Magerquark
2 Eier
40 g Zucker
1 Päckchen Vanillezucker
einige Tropfen Zitronenaroma
1/2 Päckchen Vanillepuddingpulver
2 EL trockener Weichweizengrieß
1/4 TL Backpulver
1 TL Pflanzenöl
1 TL Puderzucker

pro Stück
3 ProPoints Wert
616 kJ
145 kcal

1. Backofen auf 180° C (Gas: Stufe 2, Umluft: 160° C) vorheizen. Mandarinen gut abtropfen lassen. Quark mit Eiern, Zucker, Vanillezucker und Zitronenaroma verrühren. Puddingpulver mit Grieß und Backpulver mischen und unter die Quarkmasse rühren. Mandarinen unterheben.

2. Mulden eines Muffinblechs mit Öl fetten. Teig einfüllen und im Backofen auf mittlerer Schiene ca. 30–35 Minuten backen. Käsekuchenmuffins im Blech auskühlen lassen, herausnehmen und mit Puderzucker bestäubt servieren.

Heidelbeer-Marzipan-Törtchen

Fertig in: 80 Minuten
Davon aktiv: 30 Minuten

Für 10 Stück:
120 g Halbfettmargarine
1 unbehandelte Orange
45 g Puderzucker
1 Ei
220 g Mehl
400 g Heidelbeeren
40 g Marzipan
2 Päckchen Vanillezucker
150 g Magerquark
2 EL Wasser
1 Beutel Gelatine Fix
1 TL Puderzucker

pro Stück 5 ProPoints Wert® | 855 kJ | 204 kcal

1. 10 Torteletteförmchen (Ø 10 cm) mit 1 Teelöffel Margarine einfetten. Orangenschale abreiben und Orange auspressen. Für den Mürbeteig restliche Margarine, Puderzucker, Ei, Mehl und 1 Teelöffel Orangenschale zu einem glatten Teig verkneten und ca. 30 Minuten in Frischhaltefolie gewickelt kalt stellen.

2. Backofen auf 180° C (Gas: Stufe 2, Umluft: 160° C) vorheizen. Teig in 10 Portionen teilen und rund ausrollen. Je ein Torteletteförmchen damit auslegen und mit einer Gabel mehrmals einstechen. Im Backofen auf mittlerer Schiene ca. 20 Minuten backen. Böden stürzen und auskühlen lassen.

3. Heidelbeeren waschen und trocken tupfen. Marzipan würfeln, mit 1 Teelöffel Orangenschale, 2 Esslöffeln Orangensaft und Vanillezucker pürieren. Quark mit Wasser cremig rühren, Gelatine untermischen und ca. 1 Minute glatt rühren. Quarkcreme mit Marzipan-Orangen-Creme mischen. Creme in die Törtchen füllen, mit Beeren belegen, mit Puderzucker bestäuben und servieren.

Streuselteilchen mit Vanillecreme

Fertig in: 1 Stunde 40 Minuten
Davon aktiv: 45 Minuten

Für 10 Stück:
1/2 Würfel frische Hefe
1 EL Zucker
100 ml lauwarme fettarme Milch
200 g Mehl
1/2 TL Salz
30 g Halbfettmargarine
Für die Streusel:
50 g Mehl
35 g Zucker
30 g Halbfettmargarine
Für die Vanillecremefüllung:
1 EL Vanillepuddingpulver
200 ml fettarme Milch
einige Tropfen flüssiger Süßstoff
75 g Cremefine zum Schlagen

pro Stück 4 ProPoints Wert® | 662 kJ | 158 kcal

1. Für den Teig Hefe mit Zucker in Milch auflösen. Mit Mehl, Salz und Margarine zu einem glatten Teig verkneten. An einem warmen Ort zugedeckt ca. 30 Minuten gehen lassen. Backofen auf 180° C (Gas: Stufe 2, Umluft: 160° C) vorheizen.

2. Für die Streusel Mehl, Zucker und Margarine krümelig kneten. Hefeteig erneut gut durchkneten, zu 10 kleinen flachen Fladen formen und auf ein mit Backpapier ausgelegtes Backblech setzen. Mit den Streuseln belegen, im Backofen auf mittlerer Schiene ca. 15 Minuten backen und auskühlen lassen.

3. Für die Füllung Puddingpulver in Milch auflösen, aufkochen und ca. 5 Minuten köcheln lassen. Abkühlen lassen und mit Süßstoff abschmecken. Cremefine steif schlagen und unter den Pudding heben. Streuselteilchen halbieren, mit der Vanillecreme füllen und servieren.

Karotten-Walnuss-Muffins

Fertig in: 45 Minuten
Davon aktiv: 15 Minuten

Für 6 Stück:
1 große Karotte (150 g)
1/2 unbehandelte Orange
50 g Halbfettmargarine
50 g brauner Zucker
1 Ei
3 EL Magerquark
4 EL gehackte Walnüsse
70 g Vollkornmehl
2 TL Backpulver
1 TL Kakaopulver
1/2 TL Zimtpulver
30 g weiße Kuvertüre

pro Stück 5 ProPoints Wert | 894 kJ 213 kcal

1. Backofen auf 200° C (Gas: Stufe 3, Umluft: 180° C) vorheizen. Karotte schälen und raspeln. Orangenschale abreiben und Orangenhälfte auspressen. Margarine mit Zucker cremig rühren. Ei untermischen. Quark, 2 Esslöffel Orangensaft, 1/4 Teelöffel Orangenschale und Walnüsse zugeben. Mehl mit Back-, Kakao- und Zimtpulver mischen und unterrühren. Karottenraspel unterheben.

2. Mulden eines Muffinblechs mit Papiermanschetten auskleiden. Teig einfüllen und im Backofen auf mittlerer Schiene ca. 25–30 Minuten backen. Muffins herausnehmen und auskühlen lassen. Kuvertüre im warmen Wasserbad schmelzen und Muffins fadenartig damit garnieren. Karotten-Walnuss-Muffins servieren.

Tipp:
Garnieren Sie die Muffins zusätzlich mit 2 TL Karottenraspeln und 1 EL fein gehackten Walnüssen.

Schokoladenbrownies mit Joghurt

Fertig in: 60 Minuten
Davon aktiv: 25 Minuten

Für 20 Stück:
150 g Zartbitterschokolade
100 g Halbfettmargarine
3 Eier
100 g Zucker
125 g fettarmer Joghurt
120 g Mehl
1 Msp. Backpulver
2 EL Kakaopulver

1. Backform (ca. 20 x 20 cm) mit Backpapier auslegen. Backofen auf 180° C (Gas: Stufe 2, Umluft: 160° C) vorheizen. Schokolade grob hacken, mit der Margarine im heißen Wasserbad schmelzen und leicht abkühlen lassen.

2. Eier mit Zucker ca. 5 Minuten schaumig schlagen. Geschmolzene Schokolade und Joghurt einrühren. Mehl mit Back- und Kakaopulver mischen, über den Teig sieben und unterrühren.

3. Teig in die Form streichen und im Backofen auf mittlerer Schiene ca. 30 Minuten backen. Schokoladenbrownies auskühlen lassen, in 20 Stücke schneiden und servieren.

pro Stück 3 ProPoints Wert | 476 kJ 114 kcal

Idee:
Sie können die Brownies gut einfrieren und stückweise wieder auftauen.

Kirsch-Käsekuchen-Teilchen

Fertig in: 55 Minuten
Davon aktiv: 30 Minuten

Für 8 Stück:
200 g Mehl
1/2 Päckchen Backpulver
2 EL Zucker
1 Päckchen Vanillezucker
1 Prise Salz
50 ml fettarme Milch
3 EL Pflanzenöl
300 g Magerquark
1 Ei
1 EL Puderzucker
1 EL Vanillepuddingpulver
1 Glas Schattenmorellen ohne Zucker (175 g Abtropfgewicht)
1 TL Puderzucker

1. Mehl, Backpulver, Zucker, Vanillezucker, Salz, Milch, Öl und 110 g Quark zu einem geschmeidigen Teig verkneten. Ei trennen und Eiweiß steif schlagen. Restlichen Quark, Eigelb, Puderzucker und Puddingpulver glatt rühren. Eischnee vorsichtig unterheben. Backofen auf 180° C (Gas: Stufe 2, Umluft: 160° C) vorheizen.

2. Teig zwischen Frischhaltefolie rechteckig dünn ausrollen und 8 Quadrate daraus schneiden. Teigränder ca. 1 cm einschlagen, fest drücken und die Teigstücke auf ein mit Backpapier ausgelegtes Backblech geben. Quarkmasse auf die Teigstücke geben. Kirschen abtropfen lassen und auf der Quarkmasse verteilen. Im Backofen auf mittlerer Schiene ca. 20–25 Minuten backen und auskühlen lassen. Kirsch-Käsekuchen-Teilchen mit Puderzucker bestäuben und servieren.

pro Stück 6 ProPoints Wert | 900 kJ 213 kcal

Gefüllte Toffeemuffins

Fertig in: 50 Minuten
Davon aktiv: 20 Minuten

Für 6 Stück:
40 g Halbfettmargarine
30 g Zucker
1 Prise Salz
125 g Magerquark
1 Ei
3 EL fettarme Milch
115 g Mehl
1 TL Backpulver
1 TL Kakaopulver
1 TL Pflanzenöl
6 Schoko-Toffees
1 TL Puderzucker

pro Stück
5 ProPoints Wert | 841 kJ
200 kcal

1. Backofen auf 180° C (Gas: Stufe 2, Umluft: 160° C) vorheizen. Margarine, Zucker und Salz cremig rühren. Quark, Ei und Milch unterrühren. Mehl mit Back- und Kakaopulver mischen und unterheben.

2. Mulden eines Muffinblechs mit Öl fetten. Die Hälfte des Teiges einfüllen und jeweils ein Toffee darauflegen. Restlichen Teig darübergeben und im Backofen auf mittlerer Schiene ca. 25–30 Minuten backen. Toffeemuffins leicht abkühlen lassen, herausnehmen und vollständig auskühlen lassen. Mit Puderzucker bestäubt servieren.

Schokoladensoufflés mit Beerensauce

Fertig in: 45 Minuten
Davon aktiv: 30 Minuten

Für 6 Stück:
100 g Zartbitterschokolade
2 TL Halbfettmargarine
50 g Zucker
1 unbehandelte Orange
4 Eier
2 EL Mehl
1 TL Kakaopulver
1 Prise Salz
200 g Beerenmischung (TK)
2 EL Wasser
1 TL Speisestärke
einige Tropfen flüssiger Süßstoff

pro Stück 5 ProPoints Wert
938 kJ
224 kcal

1. Schokolade grob hacken, im warmen Wasserbad schmelzen und leicht abkühlen lassen. 6 Soufflé-förmchen (à 150 ml) mit Margarine fetten und mit 2 Teelöffeln Zucker ausstreuen. Orangenschale abreiben und Orange auspressen.

2. Eine Fettpfanne zur Hälfte mit Wasser füllen und im Backofen auf 180° C (Gas: Stufe 2, Umluft: nicht empfehlenswert) vorheizen. Eier trennen. Eigelb mit restlichem Zucker und 1/4 Teelöffel Orangenschale ca. 5 Minuten cremig aufschlagen. Schokolade vorsichtig unterrühren. Mehl und Kakaopulver mischen, darübersieben und einrühren. Eiweiß mit Salz steif schlagen und unterheben. Masse in die Soufflé-förmchen füllen und im Wasserbad im Backofen auf unterster Schiene ca. 10–15 Minuten backen.

3. Beerenmischung mit Orangensaft ca. 10 Minuten köcheln lassen. Wasser mit Speisestärke verrühren, zu den Beeren geben und weitere ca. 2 Minuten köcheln lassen. Mit Süßstoff abschmecken. Soufflés in den Förmchen lauwarm mit Beerensauce servieren. Nach Wunsch mit Orangenzesten garnieren.

Erdbeer-Pistazien-Eclairs

Fertig in: 75 Minuten
Davon aktiv: 35 Minuten

Für 10 Stück:
60 g Halbfettmargarine
130 ml Wasser
1 Prise Salz
120 g Mehl
4 Eier
4 Blatt weiße Gelatine
350 g Erdbeeren
225 g Magerquark
einige Tropfen Butter-Vanillearoma
einige Tropfen flüssiger Süßstoff
40 g gehackte Pistazien
1 EL Puderzucker

pro Stück 4 ProPoints Wert | 621 kJ 147 kcal

1. Backofen auf 200° C (Gas: Stufe 3, Umluft: 180° C) vorheizen. Margarine mit Wasser und Salz in einem Topf aufkochen. Mehl zugeben und zu einem Kloß rühren, bis sich am Topfboden eine weiße Schicht bildet. Topf vom Herd nehmen und Eier nach und nach unterrühren.

2. Den Teig in eine Spritztüte mit großer Sterntülle füllen und 10 lange Streifen à ca. 10 cm auf ein mit Backpapier ausgelegtes Backblech spritzen. Im Backofen auf mittlerer Schiene ca. 30 Minuten backen. Sofort aufschneiden und auskühlen lassen.

3. Für die Füllung Gelatine nach Packungsanweisung einweichen und auflösen. Erdbeeren waschen, ca. 10 Stück zum Garnieren in Stücke schneiden. Restliche Erdbeeren pürieren, mit Quark, Vanillearoma, Süßstoff und Pistazien vermengen, Gelatine nach und nach unterziehen und Creme kurz kalt stellen. Sobald die Creme anfängt zu gelieren, untere Eclairhälften damit füllen, Erdbeerstücke darauf verteilen, obere Eclairhälfte darauflegen und mit Puderzucker bestäubt servieren.

Birnenwaffeln mit Schokosauce

Fertig in: 35 Minuten
Davon aktiv: 30 Minuten

Für 6 Stück:
55 g Halbfettmargarine
30 g Zucker
1 Päckchen Vanillezucker
2 Eier
170 g Mehl
1 TL Backpulver
270 ml fettarme Milch
1 Birne
2 TL Pflanzenöl
25 g Kuvertüre
1/2 TL Speisestärke
1 Prise Kardamom

1. Margarine mit Zucker, Vanillezucker und Eiern cremig schlagen. Mehl mit Backpulver vermischen und mit 170 ml Milch unterrühren. Birne waschen, vierteln, entkernen und raspeln. Birnenraspel unter den Teig mischen. Waffeleisen dünn mit Öl einpinseln und nacheinander 6 Waffeln abbacken.

2. Für die Schokoladensauce Kuvertüre grob hacken. Stärke in 2 Esslöffeln Milch anrühren. Restliche Milch in einem Topf erwärmen und Kuvertüre darin schmelzen. Stärke einrühren, aufkochen und unter Rühren kurz köcheln lassen. Sauce mit Kardamom verfeinern. Waffeln mit Schokosauce überziehen und nach Wunsch mit Birnenspalten garniert servieren.

pro Stück 6 ProPoints Wert
1119 kJ
268 kcal

Mini-Heidelbeer-Gugelhupfe

Fertig in: 45 Minuten
Davon aktiv: 15 Minuten

Für 12 Stück:
200 g Heidelbeeren (ersatzweise TK)
170 g Halbfettmargarine
90 g Zucker
1 Päckchen Vanillezucker
2 Eier
370 g Mehl
1 Päckchen Backpulver
125 ml fettarme Milch
1 TL Pflanzenöl
1 TL Puderzucker

1. Heidelbeeren waschen und trocken tupfen, TK-Beeren gegebenenfalls auftauen und gut abtropfen lassen. Backofen auf 175° C (Gas: Stufe 2, Umluft: 155° C) vorheizen.

2. Margarine mit Zucker und Vanillezucker cremig rühren. Eier trennen und Eigelb nach und nach unterrühren. 350 g Mehl mit Backpulver vermischen, sieben und im Wechsel mit Milch unter den Teig rühren. Eiweiß steif schlagen und unterheben. Heidelbeeren mit restlichem Mehl bestäuben und unterrühren.

3. 12 Mini-Gugelhupfformen (oder Muffinformen) mit Öl einfetten und Teig auf die Formen verteilen. Im Backofen auf mittlerer Schiene ca. 25–30 Minuten backen. Mini-Heidelbeer-Gugelhupfe auskühlen lassen, mit Puderzucker bestäuben und servieren.

pro Stück 6 ProPoints Wert
930 kJ
222 kcal

Apfel-Marzipan-Muffins

Fertig in: 55 Minuten
Davon aktiv: 20 Minuten

Für 6 Stück:
3 mürbe Äpfel
(z.B. Boskop, ca. 400 g)
1 TL Zitronensaft
1 Packung Blätterteig light (275 g)
70 g Marzipan
3 EL Magerquark
1 Ei
1 EL Zucker
1/4 TL Zimtpulver
1 TL Puderzucker

pro Stück 6 ProPoints Wert | 1107 kJ 264 kcal

1. Backofen auf 200° C (Gas: Stufe 3, Umluft: 180° C) vorheizen. Äpfel vierteln, entkernen, schälen und in Würfel schneiden. Apfelwürfel mit Zitronensaft mischen. Blätterteig entrollen und in 6 Stücke schneiden. Mulden eines Muffinblechs mit Blätterteig auslegen, dabei die Ränder überstehen lassen.

2. Die Hälfte der Apfelwürfel in die Mulden verteilen. Marzipan darüberraspeln. Quark mit Ei, Zucker und Zimtpulver verquirlen. Quarkmasse auf die Apfel-Marzipan-Mischung geben, restliche Apfelwürfel darauf verteilen. Blätterteigecken leicht darüberklappen und im Backofen auf mittlerer Schiene ca. 30–35 Minuten backen. Apfel-Marzipan-Muffins herausnehmen und mit Puderzucker bestäubt lauwarm servieren.

Brombeersäckchen

Fertig in: 1 Stunde 50 Minuten
Davon aktiv: 40 Minuten

Für 30 Stück:
1 Würfel Hefe
100 g Zucker
200 ml lauwarme fettarme Milch
400 g Mehl
50 g Halbfettmargarine
300 g Brombeeren (TK)
60 g Amarettini

1. Für den Teig Hefe zerbröckeln und mit 1 Prise Zucker in Milch auflösen. 380 g Mehl in eine Schüssel geben, in die Mitte eine Vertiefung drücken und Hefemilch hineingießen. Mit etwas Mehl verrühren und Vorteig an einem warmen Ort zugedeckt ca. 30 Minuten gehen lassen.

2. Vorteig mit restlichem Zucker und Margarine zu einem glatten Teig verkneten und zugedeckt weitere ca. 30 Minuten gehen lassen. Für die Füllung Brombeeren etwas antauen lassen. Amarettini in einen Gefrierbeutel füllen und mit einem Nudelholz zerbröseln. Mit Brombeeren vermengen. Arbeitsplatte mit restlichem Mehl bestäuben und Hefeteig darauf ausrollen. 30 kleine Quadrate (ca. 6 x 6 cm) ausschneiden. Füllung darauf verteilen, dabei die Ränder freilassen. Teigecken zu einem Säckchen zusammendrücken.

3. Brombeersäckchen auf ein mit Backpapier ausgelegtes Backblech setzen und weitere ca. 10 Minuten gehen lassen. Backofen auf 180° C (Gas: Stufe 2, Umluft: 160° C) vorheizen. Im Backofen auf mittlerer Schiene ca. 20 Minuten backen, auskühlen lassen und servieren.

pro Stück 2 ProPoints Wert | 337 kJ 81 kcal

Rosinenschnecken

Fertig in: 85 Minuten
Davon aktiv: 25 Minuten

Für 12 Stück:
90 g Rosinen
100 ml lauwarmes Wasser
300 g Mehl
1 TL Backpulver
150 g Magerquark
90 g Zucker
50 g Halbfettmargarine
3 EL fettarme Milch
320 g Apfelmus, ohne Zucker
1 TL Zimtpulver
3 EL Puderzucker
1 EL Zitronensaft

1. Rosinen in Wasser ca. 10 Minuten einweichen und abtropfen lassen. 290 g Mehl, Backpulver, Quark, Zucker, Margarine und Milch zu einem glatten Teig verkneten und ca. 30 Minuten ruhen lassen. Backofen auf 180° C (Gas: Stufe 2, Umluft: 160° C) vorheizen.

2. Arbeitsfläche mit restlichem Mehl bestäuben und Teig darauf zu einem Rechteck (ca. 30 x 40 cm) ausrollen. Apfelmus mit Rosinen vermischen, mit Zimtpulver verfeinern und auf dem Teig verstreichen. Teigplatte von der langen Seite her aufrollen, in 12 Scheiben schneiden und auf ein mit Backpapier ausgelegtes Backblech legen.

3. Rosinenschnecken im Backofen auf mittlerer Schiene ca. 30–35 Minuten backen. Puderzucker und Zitronensaft verrühren und die noch heißen Teigschnecken damit einpinseln und abkühlen lassen. Rosinenschnecken servieren.

pro Stück 5 ProPoints Wert | 769 kJ 183 kcal

Kuchen

Was wären gemütliche Kaffee- oder Teestunden mit Ihren Lieben ohne ein leckeres Stück Kuchen? Genießen Sie zusammen unsere Kuchenkreationen – den cremigen Aprikosen-Quark- oder Apfelkuchen, einen unserer Käsekuchen oder die leckere Birnen-Walnuss-Tarte.

Käsekuchen mit Rosinen

Fertig in: 2 Stunden 15 Minuten
Davon aktiv: 25 Minuten

Für 12 Stücke:
210 g Mehl
3 Eier
75 g Zucker
2 Päckchen Vanillezucker
80 g Halbfettmargarine
1 Dose Mandarinen ohne Zucker (195 g Abtropfgewicht)
500 g Magerquark
90 ml Cremefine zum Kochen, 15 % Fett
1 Päckchen Vanillepuddingpulver
einige Tropfen Zitronenaroma
1 Vanilleschote
3 EL Rosinen

pro Stück 5 ProPoints Wert | 846 kJ 200 kcal

1. Mehl, 1 Ei, 30 g Zucker, 1 Päckchen Vanillezucker und Margarine schnell zu einem glatten Teig verkneten und in Folie gewickelt ca. 30 Minuten kalt stellen. Teig zwischen Folie ausrollen und Boden und Rand einer mit Backpapier ausgelegten Springform (Ø 28 cm) damit auskleiden. Backofen auf 180° C (Gas: Stufe 2, Umluft: 160° C) vorheizen.

2. Für die Käsemasse Mandarinen gut abtropfen lassen und restliche Eier trennen. Quark mit Cremefine, Puddingpulver, Zitronenaroma, restlichem Zucker und Vanillezucker gut verrühren. Vanilleschote längs aufschneiden, das Mark herauskratzen und mit Eigelb unter die Quarkmasse ziehen. Eiweiß steif schlagen und mit Mandarinen und Rosinen vorsichtig unter die Quark-Ei-Masse heben. Käsemasse auf den Teig geben und glatt streichen.

3. Kuchen im Backofen auf mittlerer Schiene ca. 75 Minuten backen. Nach Ende der Backzeit Käsekuchen ca. 10 Minuten im ausgeschalteten, geöffneten Backofen ruhen lassen. Käsekuchen in der Form auf einem Gitter auskühlen lassen und servieren.

Pfirsich-Käsekuchen

Fertig in: 75 Minuten
Davon aktiv: 20 Minuten

Für 20 Stücke:
2 Gläser Pfirsiche ohne Zucker (à 200 g Abtropfgewicht)
250 g Mehl
1/2 TL Backpulver
190 g Zucker
100 g Halbfettmargarine
4 Eier
1 unbehandelte Zitrone
1 kg Magerquark
1 Packung Vanillepuddingpulver
2 Päckchen Vanillezucker
1 Prise Salz
1 TL Puderzucker

pro Stück 4 ProPoints Wert | 708 kJ 167 kcal

1. Pfirsiche abtropfen lassen und in Spalten schneiden. Mehl, Backpulver und 70 g Zucker mischen und mit Margarine und 1 Ei verkneten. Backofen auf 200° C (Gas: Stufe 3, Umluft: 180° C) vorheizen. Zitronenschale abreiben und Zitrone auspressen. Restliche Eier trennen. Quark mit restlichem Zucker, Eigelb, Puddingpulver, Vanillezucker, Zitronenschale und -saft verrühren. Eiweiß mit Salz steif schlagen und vorsichtig unter die Quarkmasse heben.

2. Teig auf dem Boden einer mit Backpapier ausgelegten Fettpfanne oder einem Backblech mit hohem Rand ausrollen. Pfirsichspalten auf dem Teig verteilen, Quarkmasse darauf verstreichen und im Backofen auf mittlerer Schiene ca. 40–45 Minuten backen. Im ausgeschalteten Backofen bei geöffneter Tür ca. 10 Minuten ruhen lassen. Pfirsich-Käsekuchen auskühlen lassen und mit Puderzucker bestäubt servieren.

Variante:
Im Sommer können Sie den Kuchen auch mit 5 frischen Pfirsichen zubereiten: Pfirsiche waschen, halbieren, den Stein entfernen und Pfirsiche in Spalten schneiden.

Karotten-Nuss-Gugelhupf

Fertig in: 1 Stunde 30 Minuten
Davon aktiv: 30 Minuten

Für 16 Stücke:
360 g geschälte Karotten
140 g Halbfettmargarine
180 g Zucker
2 Päckchen Vanillezucker
2 Eier
330 g Mehl
2 TL Backpulver
125 ml fettarme Milch
60 g gehackte Haselnüsse
1 TL Pflanzenöl
1 EL Paniermehl
60 g kalorienreduzierte Aprikosenkonfitüre

1. Backofen auf 180° C (Gas: Stufe 2, Umluft: 160° C) vorheizen. Karotten fein raspeln. Margarine mit Zucker und Vanillezucker cremig schlagen. Eier nach und nach unterrühren. Mehl mit Backpulver mischen und esslöffelweise im Wechsel mit der Milch unterrühren. 50 g Nüsse und Karottenraspel unter den Teig heben.

2. Eine Gugelhupfform mit Öl fetten, mit Paniermehl ausstreuen und Teig hineinfüllen. Kuchen im Backofen auf mittlerer Schiene ca. 70 Minuten backen und abkühlen lassen. Konfitüre in einem Topf erhitzen, Karotten-Nuss-Gugelhupf damit bestreichen, mit restlichen Nüssen bestreuen und servieren.

pro Stück 5 ProPoints Wert | 876 kJ 209 kcal

Rotweinkuchen

Fertig in: 55 Minuten
Davon aktiv: 15 Minuten

Für 16 Stücke:
170 g Halbfettmargarine
100 g brauner Zucker
(ersatzweise weißer Zucker)
2 Päckchen Vanillezucker
3 Eier
2 TL Zimtpulver
150 ml Rotwein
140 g Mehl
80 g Speisestärke
1 Päckchen Backpulver
1 EL Kakaopulver
50 g getrocknete Cranberrys
1 TL Pflanzenöl
1 EL Paniermehl
1 TL Puderzucker

1. Backofen auf 180° C (Gas: Stufe 2, Umluft: 160° C) vorheizen. Margarine mit Zucker und Vanillezucker schaumig schlagen. Eier nach und nach unterrühren. Zimtpulver mit Rotwein dazugeben und verrühren. Mehl mit Stärke, Back- und Kakaopulver vermischen und mit Cranberrys unterrühren.

2. Eine Kranzform mit Öl fetten und mit Paniermehl ausstreuen. Teig einfüllen und im Backofen auf mittlerer Schiene ca. 35–40 Minuten backen. Rotweinkuchen auskühlen lassen und mit Puderzucker bestäubt servieren.

pro Stück 4 ProPoints Wert | 662 kJ 158 kcal

Birnen-Marzipan-Kuchen

Fertig in: 60 Minuten
Davon aktiv: 30 Minuten

Für 20 Stücke:
1 Zitrone
10 kleine reife Birnen (ca. 1,8 kg)
200 g Halbfettmargarine
130 g Zucker
3 Eier
300 g Mehl
1 Päckchen Backpulver
120 ml fettarme Milch
100 g Marzipanrohmasse
einige Tropfen Bittermandelaroma
50 g Orangenmarmelade
(ersatzweise Aprikosenkonfitüre)
1 TL Puderzucker

pro Stück
4 ProPoints Wert | 880 kJ
210 kcal

1. Zitrone auspressen. Birnen halbieren, entkernen und schälen. Birnenhälften mit Zitronensaft beträufeln. Backofen auf 200° C (Gas: Stufe 3, Umluft: 180° C) vorheizen. Margarine mit Zucker schaumig schlagen. Eier nach und nach unterrühren. Mehl und Backpulver mischen und mit Milch abwechselnd unterrühren. Marzipan grob raspeln und mit Bittermandelaroma unterheben.

2. Teig auf ein mit Backpapier ausgelegtes Backblech streichen und Birnenhälften mit der Außenseite nach oben darauf verteilen. Marmelade leicht erwärmen und Birnenhälften damit bestreichen. Kuchen im Backofen auf mittlerer Schiene ca. 25–30 Minuten backen. Birnen-Marzipan-Kuchen auskühlen lassen und mit Puderzucker bestäubt servieren.

Rhabarberkuchen mit Baiser

Fertig in: 70 Minuten
Davon aktiv: 25 Minuten

Für 20 Stücke:
3 Eier
5 EL heißes Wasser
300 g Zucker
1 Päckchen Vanillezucker
320 g Mehl
2 TL Backpulver
60 g Halbfettmargarine
125 ml fettarme Milch
1,5 kg Rhabarber
1 Prise Salz

pro Stück 4 ProPoints Wert | 637 kJ 152 kcal

1. Backofen auf 200° C (Gas: Stufe 3, Umluft: 180° C) vorheizen. Eier trennen. Eigelb mit Wasser, 150 g Zucker und Vanillezucker schaumig schlagen. Mehl mit Backpulver mischen und unterrühren. Margarine schmelzen und mit Milch unter den Teig mischen. Teig auf ein mit Backpapier ausgelegtes Backblech streichen und im Backofen auf mittlerer Schiene ca. 15 Minuten backen.

2. Rhabarber waschen, in Würfel schneiden und ca. 5 Minuten in kochendem Wasser blanchieren. Für das Baiser Eiweiß mit Salz steif schlagen und dabei restlichen Zucker einrieseln lassen. Rhabarberwürfel unterheben.

3. Rhabarber-Baiser-Masse auf dem Teig verteilen und im Backofen bei 175° C (Gas: Stufe 2, Umluft: 155° C) auf mittlerer Schiene weitere ca. 30 Minuten backen. Rhabarberkuchen auskühlen lassen und servieren.

Pflaumen-Krokant-Kuchen

Fertig in: 70 Minuten
Davon aktiv: 30 Minuten

Für 20 Stücke:
130 g Zucker
60 g Haselnüsse
1,5 kg Pflaumen
(ersatzweise Zwetschgen)
1 unbehandelte Zitrone
150 g Magerquark
100 ml fettarme Milch
3 EL Pflanzenöl
1 Prise Salz
1 Ei
360 g Mehl
1 Päckchen Backpulver

pro Stück 4 ProPoints Wert | 750 kJ 179 kcal

1. 40 g Zucker mit Haselnüssen in einer Pfanne karamellisieren. Krokantmasse auf Backpapier streichen und auskühlen lassen. Pflaumen waschen, halbieren, die Steine entfernen und Pflaumen in Spalten schneiden. Backofen auf 180° C (Gas: Stufe 2, Umluft: 160° C) vorheizen.

2. Zitronenschale abreiben. Quark mit Milch, Öl, restlichem Zucker, Zitronenschale, Salz und Ei verrühren. Mehl mit Backpulver mischen, zur Quarkmasse geben und verkneten. Teig auf einem mit Backpapier ausgelegten Backblech ausrollen und mit Pflaumenspalten belegen. Krokant grob hacken und auf den Pflaumen verteilen. Pflaumen-Krokant-Kuchen im Backofen auf mittlerer Schiene ca. 35–40 Minuten backen, auskühlen lassen und servieren.

Variante:
Wenn Sie den Krokant lieber etwas feiner mögen, verwenden Sie einfach gehackte Haselnüsse.

Apfelkuchen mit Streuseln

Fertig in: 1 Stunde 50 Minuten
Davon aktiv: 35 Minuten

Für 12 Stücke:
300 g Vollkornmehl
1 TL Backpulver
145 g Zucker
180 g Halbfettmargarine
2 EL Wasser
1 Prise Salz
1/2 unbehandelte Zitrone
750 g mürbe Äpfel (z. B. Boskop)
1 TL Zimtpulver

pro Stück 5 ProPoints Wert | 909 kJ 217 kcal

1. 180 g Vollkornmehl, Backpulver, 70 g Zucker, 100 g Margarine, Wasser und Salz zu einem glatten Teig verkneten und in Folie gewickelt ca. 30 Minuten kalt stellen.

2. Zitronenschale abreiben und Zitronenhälfte auspressen. Äpfel vierteln, entkernen, schälen und in Spalten schneiden. Apfelspalten mit Zitronensaft beträufeln. Backofen auf 180° C (Gas: Stufe 2, Umluft: 160° C) vorheizen. Teig zwischen Frischhaltefolie rund ausrollen. Rand und Boden einer mit Backpapier ausgelegten Springform (Ø 26 cm) mit Teig auskleiden und mit einer Gabel mehrmals einstechen.

3. Mürbeteigboden mit Apfelspalten belegen und mit 1 Teelöffel Zitronenschale bestreuen. 1 Esslöffel Zucker mit Zimtpulver vermischen. Restliches Mehl, restlichen Zucker und restliche Margarine zu Streuseln verkneten, auf dem Kuchen verteilen und mit Zimtmischung bestreuen. Apfelkuchen im Backofen auf mittlerer Schiene ca. 50–55 Minuten backen, auskühlen lassen und servieren.

Kirschkuchen mit Streuseln:

Dafür 2 Gläser Kirschen ohne Zucker (à 350 g Abtropfgewicht) abtropfen lassen und 120 ml Saft auffangen. Kirschen mit 80 ml Kirschsaft erwärmen. Restlichen Saft mit 3 TL Speisestärke verrühren, zu den Kirschen geben und aufkochen lassen. Kirschmasse auf dem Boden verteilen, mit Streuseln und Zimtmischung bestreuen und im Backofen backen.

Schoko-Nuss-Kuchen

Fertig in: 70 Minuten
Davon aktiv: 20 Minuten

Für 16 Stücke:
50 g Walnüsse
3 Eier
1 Prise Salz
100 g Zucker
100 g Halbfettmargarine
100 g gemahlene Haselnüsse
60 g Mehl
1 TL Backpulver
100 g Raspelschokolade
1 TL Pflanzenöl
1 EL Paniermehl

1. Backofen auf 180° C (Gas: Stufe 2, Umluft: 160° C) vorheizen. Walnüsse hacken. Eier trennen und Eiweiß mit Salz steif schlagen. Eigelb mit Zucker und Margarine schaumig schlagen. Haselnüsse mit Mehl und Backpulver mischen und mit gehackten Walnüssen und Raspelschokolade unterrühren. Eischnee vorsichtig unter den Teig heben.

2. Eine Kastenform (Länge 28 cm) mit Öl fetten und mit Paniermehl ausstreuen. Teig einfüllen und im Backofen auf mittlerer Schiene ca. 50 Minuten backen. Schoko-Nuss-Kuchen auskühlen lassen und servieren.

pro Stück
5 ProPoints Wert®
725 kJ
173 kcal

Birnen-Walnuss-Tarte

Fertig in: 70 Minuten
Davon aktiv: 30 Minuten

Für 12 Stücke:
70 g Halbfettmargarine
1 Eigelb
40 g Zucker
150 g Mehl
1 Prise Salz
80 g Marzipanrohmasse
3 EL Walnüsse
1/2 Zitrone
4 mürbe Birnen (z. B. Williams Christ)
1 EL brauner Zucker

pro Stück 4 ProPoints Wert
675 kJ
161 kcal

1. Margarine, Eigelb, Zucker, Mehl und Salz zu einem Teig verkneten und in Frischhaltefolie gewickelt ca. 30 Minuten kalt stellen. Backofen auf 180° C (Gas: Stufe 2, Umluft: 160° C) vorheizen. Teig zwischen Frischhaltefolie ausrollen und eine Tarteform (Ø 27 cm) damit auskleiden. Mit einer Gabel mehrmals einstechen und im Backofen auf mittlerer Schiene ca. 15 Minuten vorbacken.

2. Marzipan zwischen Frischhaltefolie dünn auf die Größe der Tarteform ausrollen und auf den Teig legen. Walnüsse hacken und Zitronenhälfte auspressen. Birnen waschen, vierteln, entkernen, in dünne Scheiben schneiden und mit 2 Esslöffeln Zitronensaft beträufeln. Birnenscheiben auf dem Marzipan verteilen und mit Walnüssen und braunem Zucker bestreuen. Birnen-Walnuss-Tarte weitere ca. 15–20 Minuten backen und lauwarm servieren.

Pflaumenstreusel

Fertig in: 2 Stunden 15 Minuten
Davon aktiv: 30 Minuten

Für 20 Stücke:
1 Würfel Hefe
60 g Zucker
50 ml lauwarme fettarme Milch
570 g Mehl
100 g Halbfettmargarine
1 Ei
120 g Magerquark
1 Prise Salz
1,5 kg Pflaumen
1 unbehandelte Zitrone
80 g brauner Zucker
(ersatzweise weißer Zucker)
Zimtpulver
1 TL Puderzucker

pro Stück 4 ProPoints Wert | 796 kJ
190 kcal

1. Hefe zerbröckeln und mit Zucker in Milch auflösen. 400 g Mehl in eine Schüssel geben, in die Mitte eine Vertiefung drücken und Hefemilch hineingießen. Mit etwas Mehl verrühren und Vorteig an einem warmen Ort zugedeckt ca. 15 Minuten gehen lassen. 30 g Margarine, Ei, Quark und Salz zum Vorteig geben, zu einem glatten Teig verkneten und weitere ca. 30 Minuten gehen lassen.

2. Teig nochmals gut durchkneten. Arbeitsfläche mit 1 Esslöffel Mehl bestäuben. Teig darauf ausrollen, auf ein mit Backpapier ausgelegtes Backblech geben und weitere ca. 15 Minuten gehen lassen. Backofen auf 180° C (Gas: Stufe 2, Umluft: 160° C) vorheizen. Pflaumen waschen, halbieren, die Steine entfernen und Pflaumen in Spalten schneiden. Pflaumenspalten auf dem Teig verteilen.

3. Zitronenschale abreiben. Restliches Mehl mit restlicher Margarine, braunem Zucker, 1/2 Teelöffel Zimtpulver und Zitronenschale zu Streuseln verkneten und auf den Pflaumen verteilen. Kuchen im Backofen auf mittlerer Schiene ca. 50 Minuten backen. Pflaumenstreusel mit Zimtpulver und Puderzucker bestäubt lauwarm servieren.

Saftiger Aprikosenkuchen mit Haselnüssen

Fertig in: 50 Minuten
Davon aktiv: 20 Minuten

Für 20 Stücke:
210 g Halbfettmargarine
150 g Zucker
3 Eier
125 ml fettarme Milch
400 g Mehl
1 Päckchen Backpulver
3 Gläser Aprikosen ohne Zucker (à 200 g Abtropfgewicht)
60 g gehackte Haselnüsse

pro Stück 5 ProPoints Wert | 797 kJ 191 kcal

1. Margarine mit Zucker cremig schlagen. Eier und Milch nach und nach unterrühren. Mehl mit Backpulver mischen, dazugeben und unterrühren. Aprikosen abtropfen lassen. Backofen auf 180° C (Gas: Stufe 2, Umluft: 160° C) vorheizen.

2. Teig auf ein mit Backpapier ausgelegtes Backblech streichen, mit Aprikosen belegen und mit Haselnüssen bestreuen. Aprikosenkuchen im Backofen auf mittlerer Schiene ca. 30 Minuten backen, auskühlen lassen und servieren.

Variante:
Der Kuchen schmeckt auch sehr gut mit Pfirsichen, Äpfeln oder Pflaumen.

Maulwurfshügelkuchen

Fertig in: 2 Stunden 25 Minuten
Davon aktiv: 30 Minuten

Für 12 Stücke:
4 Eier
1 Prise Salz
125 g Halbfettmargarine
100 g Zucker
2 Päckchen Vanillezucker
240 g Mehl
2 TL Backpulver
110 g Raspelschokolade
2 kleine Bananen
2 EL Zitronensaft
1 Glas Sauerkirschen ohne Zucker (185 g Abtropfgewicht)
300 g Magerquark
20 ml Mineralwasser
150 ml Cremefine zum Schlagen
1 Msp. Zimtpulver
einige Tropfen flüssiger Süßstoff

pro Stück 7 ProPoints Wert | 1151 kJ 274 kcal

1. Backofen auf 180° C (Gas: Stufe 2, Umluft: 160° C) vorheizen. Eier trennen und Eiweiß mit Salz steif schlagen. Margarine, 50 g Zucker und Vanillezucker cremig schlagen. Eigelb nach und nach unterrühren. Mehl, Backpulver und 70 g Raspelschokolade vermischen und unterrühren. Eischnee vorsichtig unter den Teig heben. Teig in eine mit Backpapier ausgelegte Springform (Ø 26 cm) füllen, im Backofen auf mittlerer Schiene ca. 30–35 Minuten backen und abkühlen lassen.

2. Den Kuchen vorsichtig mit einem Löffel ca. 1 cm tief aushöhlen und dabei einen kleinen Rand stehen lassen. Ausgehöhlten Teig fein zerbröseln. Bananen schälen, in Scheiben schneiden, mit Zitronensaft beträufeln und am Teigrand verteilen. Sauerkirschen abtropfen lassen und in die Mitte geben.

3. Für die Füllung Quark mit Mineralwasser und restlichem Zucker cremig rühren. Cremefine steif schlagen und unterheben. Masse mit Zimtpulver und restlicher Raspelschokolade verfeinern und mit Süßstoff abschmecken. Creme kuppelartig auf dem Obst verteilen, mit Teigbröseln bestreuen und ca. 1 Stunde kalt stellen. Maulwurfshügelkuchen servieren.

New York Cheesecake

Fertig in: 2 Stunden 35 Minuten
Davon aktiv: 30 Minuten

Für 12 Stücke:
1 unbehandelte Zitrone
160 g Butterkekse
80 g Halbfettmargarine
3 Eier
60 g Zucker
1 Päckchen Vanillezucker
200 g Frischkäse, bis 1 % Fett absolut
250 g Magerquark
150 g saure Sahne
300 g Himbeeren (ersatzweise TK)
1 EL Puderzucker

pro Stück 4 ProPoints Wert | 737 kJ 175 kcal

1. Zitronenschale abreiben und Zitrone auspressen. Butterkekse in einen Gefrierbeutel geben und mit einem Nudelholz fein zerbröseln. Margarine schmelzen und mit Keksbröseln und 1/2 Teelöffel Zitronenschale vermischen. Masse auf den Boden einer mit Backpapier ausgelegten Springform (Ø 26 cm) drücken und ca. 30 Minuten kalt stellen.

2. Backofen auf 175° C (Gas: Stufe 2, Umluft: 155° C) vorheizen. Eier mit Zucker und Vanillezucker schaumig schlagen. Frischkäse, Quark, saure Sahne und Zitronensaft unterrühren. Masse auf dem Keksboden verteilen und auf mittlerer Schiene ca. 40–45 Minuten backen. In der Form auskühlen lassen und ca. 1 Stunde kalt stellen. Himbeeren waschen, trocken tupfen und pürieren. Masse durch ein Sieb streichen und mit Puderzucker verfeinern. New York Cheesecake mit Himbeerpüree servieren.

Zupfkuchen nach russischer Art

Fertig in: 1 Stunde 50 Minuten
Davon aktiv: 20 Minuten

Für 12 Stücke:
240 g Mehl
125 g Halbfettmargarine
3 Eier
160 g Zucker
1 EL Kakaopulver
2 Prisen Salz
750 g Magerquark
1 Päckchen Vanillepuddingpulver

pro Stück 6 ProPoints Wert | 961 kJ 227 kcal

1. Mehl, 120 g Margarine, 1 Ei, 60 g Zucker, Kakaopulver und 1 Prise Salz zu einem glatten Teig verkneten und in Folie gewickelt ca. 30 Minuten kalt stellen. Für die Käsemasse restliche Eier trennen und Eiweiß mit restlichem Salz sehr steif schlagen. Quark mit restlichem Zucker, Eigelb und Puddingpulver verrühren. Eischnee vorsichtig unterheben. Backofen auf 180° C (Gas: Stufe 2, Umluft: 160° C) vorheizen.

2. Eine Springform (Ø 26 cm) mit restlicher Margarine fetten. 2/3 des Teiges zwischen Frischhaltefolie ausrollen, die Form damit auslegen und einen Rand hochziehen. Käsemasse auf den Teig geben. Vom restlichen Teig kleine, dünne Stückchen abzupfen und auf der Käsemasse verteilen. Im Backofen auf mittlerer Schiene ca. 60 Minuten backen. Zupfkuchen auskühlen lassen und servieren.

Bienenstich mit Mandeln

Fertig in: 3 Stunden 10 Minuten
Davon aktiv: 25 Minuten

Für 12 Stücke:
4 Eier
80 g Zucker
100 g Honig
1/2 unbehandelte Zitrone
150 g Mehl
1 TL Backpulver
3 EL Mandelblättchen
120 g Halbfettmargarine
700 ml fettarme Milch
2 Päckchen Vanillepuddingpulver
4 Blatt Gelatine

pro Stück
6 ProPoints Wert
947 kJ
226 kcal

1. Backofen auf 160° C (Gas: Stufe 1, Umluft: 140° C) vorheizen. Eier mit 70 g Zucker und 60 g Honig schaumig schlagen. 1 Teelöffel Zitronenschale abreiben und mit Mehl und Backpulver unterheben. Teig in eine mit Backpapier ausgelegte Springform (Ø 26 cm) füllen, mit Mandelblättchen bestreuen, 4 Teelöffel Margarineflocken daraufsetzen und mit restlichem Zucker bestreuen. Im Backofen auf mittlerer Schiene ca. 30 Minuten backen, abkühlen lassen und waagerecht durchschneiden.

2. 650 ml Milch erwärmen. Puddingpulver mit restlicher Milch anrühren, zufügen und aufkochen. Gelatine nach Packungsanweisung einweichen und auflösen. 2 Esslöffel Pudding nach und nach unter die Gelatine rühren und mit restlicher warmer Puddingmasse verrühren. Restlichen Honig und restliche Margarine zufügen, verrühren und leicht abkühlen lassen.

3. Springformrand um den Kuchenboden legen und Puddingmasse auf den Boden streichen. Kuchendeckel in 12 Stücke schneiden, auf die Puddingschicht legen und ca. 2 Stunden kalt gestellt fest werden lassen. Bienenstich servieren.

Gewürz-ecken

Fertig in: 50 Minuten
Davon aktiv: 30 Minuten

Für 40 Stücke:
150 g Halbfettmargarine
150 g Zucker
2 Eier
300 g Vollkornmehl
2 TL Backpulver
1 1/2 TL gemahlener Ingwer
1 TL Zimtpulver
1/2 TL gemahlener Kardamom
150 ml fettarme Milch
80 g Zartbitterschokolade

1. Backofen auf 180° C (Gas: Stufe 2, Umluft: 160° C) vorheizen. Margarine mit Zucker und Eiern schaumig schlagen. Mehl mit Backpulver und den Gewürzen mischen und abwechselnd mit der Milch unter den Teig rühren.

2. Teig auf ein mit Backpapier ausgelegtes Backblech streichen und im Backofen auf mittlerer Schiene ca. 20 Minuten backen. Kuchen auskühlen lassen, erst in Rechtecke und dann in Dreiecke schneiden. Schokolade im heißen Wasserbad schmelzen und Gewürzecken damit fadenartig garniert servieren.

pro Stück 2 ProPoints Wert | 286 kJ 68 kcal

Idee:
Trocken und luftdicht verpackt sind die Gewürzecken einige Tage haltbar.

Schoko-Kirsch-Kuchen

Fertig in: 95 Minuten
Davon aktiv: 25 Minuten

Für 16 Stücke:
50 g Vollmilchschokolade
1 Glas Kirschen ohne Zucker (340 g Abtropfgewicht)
130 g Halbfettmargarine
150 g brauner Zucker (ersatzweise weißer Zucker)
3 Eier
300 g Mehl
1/2 Päckchen Backpulver
4 EL Kakaopulver
100 ml fettarme Milch
40 g Bananenchips
50 g Vollmilchkuvertüre

1. Backofen auf 180° C (Gas: Stufe 2, Umluft: 160° C) vorheizen. Schokolade hacken und Kirschen abtropfen lassen. 120 g Margarine mit Zucker cremig schlagen. Eier nach und nach unterrühren. Mehl mit Back- und Kakaopulver mischen und mit Milch unterrühren. Schokolade und Kirschen unter den Teig heben.

2. Eine Kastenform (Länge 28 cm) mit restlicher Margarine fetten und Teig hineingeben. Im Backofen auf mittlerer Schiene ca. 50 Minuten backen und auskühlen lassen. Bananenchips grob zerkleinern. Kuvertüre im heißen Wasserbad schmelzen. Kuchen mit Kuvertüre garnieren und mit Bananenchips bestreuen. Schoko-Kirsch-Kuchen trocknen lassen und servieren.

pro Stück 6 ProPoints Wert | 893 kJ 214 kcal

Fruchtiger Mohnkuchen

Fertig in: 60 Minuten
Davon aktiv: 25 Minuten

Für 20 Stücke:
1 unbehandelte Orange
1/2 Zitrone
1 kg reife Birnen
200 g Halbfettmargarine
120 g Zucker
1 Päckchen Vanillezucker
3 Eier
300 g Mehl
1 Päckchen Backpulver
250 g Mohn-Back
1 TL Puderzucker

pro Stück 4 ProPoints Wert | 807 kJ 193 kcal

1. Orangenschale abreiben und Orange auspressen. Zitronenhälfte auspressen. Birnen waschen, vierteln, entkernen und in Spalten schneiden. Birnenspalten mit Zitronensaft beträufeln. Backofen auf 200° C (Gas: Stufe 3, Umluft: 180° C) vorheizen.

2. Margarine mit Zucker und Vanillezucker cremig schlagen. Eier nach und nach unterrühren. Mehl und Backpulver mischen und im Wechsel mit Orangensaft und 1/2 Teelöffel Orangenschale unterrühren. Mohn-Back untermischen. Teig auf ein mit Backpapier ausgelegtes Backblech streichen. Birnenspalten auf dem Teig verteilen und im Backofen auf mittlerer Schiene ca. 30–35 Minuten backen. Mohnkuchen auskühlen lassen und mit Puderzucker bestäubt servieren.

Aprikosen-Quark-Kuchen

Fertig in: 2 Stunden 5 Minuten
Davon aktiv: 30 Minuten

Für 12 Stücke:
1/2 Würfel Hefe
90 g Zucker
60 ml lauwarme fettarme Milch
250 g Mehl
1 Päckchen Vanillezucker
1 Prise Salz
60 g Halbfettmargarine
1 TL Pflanzenöl
500 g Aprikosen
225 g Magerquark
2 Eier
1 Päckchen Vanillepuddingpulver
1 TL Puderzucker

pro Stück 5 ProPoints Wert | 783 kJ 186 kcal

1. Hefe zerbröckeln und mit 1 Teelöffel Zucker in Milch auflösen. Mehl in eine Schüssel geben, in die Mitte eine Vertiefung drücken und Hefemilch hineingießen. Mit etwas Mehl verrühren und Vorteig an einem warmen Ort zugedeckt ca. 15 Minuten gehen lassen. 30 g Zucker, Vanillezucker, Salz und Margarine zugeben, zu einem glatten Teig verkneten und weitere ca. 30 Minuten gehen lassen.

2. Eine Springform (Ø 28 cm) mit Öl fetten. Teig erneut gut durchkneten und auf Backpapier rund ausrollen. Springform mit Teig auskleiden, dabei einen Rand formen und weitere ca. 15 Minuten gehen lassen. Backofen auf 180° C (Gas: Stufe 2, Umluft: 160° C) vorheizen.

3. Aprikosen mit kochendem Wasser übergießen, häuten, halbieren, die Steine entfernen und Aprikosen in Stücke schneiden. Quark, Eier, restlichen Zucker und Puddingpulver verrühren und Aprikosenstücke unterheben. Masse auf dem Teig verteilen und im Backofen auf mittlerer Schiene ca. 35–40 Minuten backen. Aprikosen-Quark-Kuchen abkühlen lassen, mit Puderzucker bestäuben und servieren.

Orangecake

Fertig in: 95 Minuten
Davon aktiv: 25 Minuten

Für 16 Stücke:
180 g Halbfettmargarine
135 g Zucker
1 Prise Salz
3 Eier
1 unbehandelte Orange
1 unbehandelte Zitrone
3 EL gemahlene Mandeln
240 g Mehl
80 g Speisestärke
4 TL Backpulver
60 g kalorienreduzierte Orangenkonfitüre

pro Stück 5 ProPoints Wert | 750 kJ 179 kcal

1. Backofen auf 180° C (Gas: Stufe 2, Umluft: 160° C) vorheizen. Margarine mit Zucker und Salz cremig schlagen. Eier nach und nach unterrühren. Orangen- und Zitronenschale abreiben und jeweils Saft auspressen. Orangen- und Zitronenschale mit Mandeln unter die Eimasse heben. Mehl, Stärke und Backpulver mischen und abwechselnd mit Orangen- und Zitronensaft unterrühren.

2. Teig in eine mit Backpapier ausgelegte Kastenform (Länge 26 cm) füllen, im Backofen auf mittlerer Schiene ca. 55 Minuten backen und auskühlen lassen. Orangenkonfitüre erwärmen und Kuchen damit bestreichen. Orangecake nach Wunsch mit Orangenzesten garniert servieren.

Idee:

Bereiten Sie den Kuchen außerhalb der Saison mit 500 g Aprikosen ohne Zucker aus der Konserve zu.

Apfelkuchen

Fertig in: 75 Minuten
Davon aktiv: 30 Minuten

Für 12 Stücke:
1 unbehandelte Zitrone
120 g Halbfettmargarine
80 g Zucker
1 Päckchen Vanillezucker
3 Eier
200 g Mehl
2 TL Backpulver
1 kg mürbe Äpfel (z. B. Boskop)
1/2 TL Zimtpulver
2 EL fettarme Milch
3 EL gehackte Mandeln
1 TL Puderzucker

1. Zitronenschale abreiben und Zitrone auspressen. Margarine mit Zucker, Vanillezucker und Eiern schaumig schlagen. Mehl, Backpulver und Zitronenschale mischen und unterrühren. 2/3 des Teiges in eine mit Backpapier ausgelegte Springform (Ø 26 cm) streichen. Backofen auf 200° C (Gas: Stufe 3, Umluft: 180° C) vorheizen.

2. Äpfel waschen, vierteln, entkernen und in Spalten schneiden. Apfelspalten mit Zimtpulver und Zitronensaft mischen und auf dem Teig verteilen. Restlichen Teig mit Milch verrühren, Apfelspalten damit bestreichen und mit Mandeln bestreuen. Kuchen im Backofen auf mittlerer Schiene ca. 40–45 Minuten backen und auskühlen lassen. Apfelkuchen mit Puderzucker bestäubt servieren.

pro Stück 4 ProPoints Wert | 889 kJ 213 kcal

Marmorkuchen mit Schoko

Fertig in: 80 Minuten
Davon aktiv: 30 Minuten

Für 16 Stücke:
3 Eier
135 g Halbfettmargarine
70 g Zucker
2 Päckchen Vanillezucker
60 ml fettarme Milch
einige Tropfen Rumaroma
260 g Mehl
3 TL Backpulver
2 EL Kakaopulver
50 g Zartbitterkuvertüre

1. Eier trennen und Eiweiß steif schlagen. Margarine mit Zucker, Vanillezucker und Eigelb schaumig schlagen. Milch und Rumaroma unterrühren. Mehl mit Backpulver mischen und mit Margarine-Ei-Masse vermischen. Eischnee vorsichtig unterheben. Backofen auf 180° C (Gas: Stufe 2, Umluft: 160° C) vorheizen.

2. Teig halbieren und eine Hälfte in eine mit Backpapier ausgelegte Kastenform (Länge 30 cm) füllen. Restlichen Teig mit Kakaopulver vermischen, auf den hellen Teig geben und mit einer Gabel spiralförmig durchziehen. Kuchen im Backofen auf mittlerer Schiene ca. 35 Minuten backen und auskühlen lassen. Kuvertüre grob hacken und im warmen Wasserbad schmelzen. Marmorkuchen damit überziehen, trocknen lassen und servieren.

pro Stück 4 ProPoints Wert | 606 kJ 145 kcal

Saftiger Gitterkuchen

Fertig in: 90 Minuten
Davon aktiv: 25 Minuten

Für 12 Stücke:
1 unbehandelte Zitrone
250 g Mehl
1 TL Backpulver
70 g Halbfettmargarine
65 g Magerquark
1 Ei
60 g Zucker
1 Prise Salz
2 Gläser Schattenmorellen
(à 350 g Abtropfgewicht)
20 ml Amaretto
1/2 TL Zimtpulver
1 TL Speisestärke
50 ml Wasser

pro Stück
5 ProPoints Wert
729 kJ
173 kcal

1. Zitronenschale abreiben. Mehl mit Backpulver mischen, mit Margarine, Quark, Ei, Zucker, der Hälfte der Zitronenschale und Salz zu einem glatten Teig verkneten. Teig in Frischhaltefolie gewickelt ca. 30 Minuten kalt stellen. Backofen auf 180° C (Gas: Stufe 2, Umluft: 160° C) vorheizen.

2. 2/3 des Teiges in eine mit Backpapier ausgelegte Springform (Ø 26 cm) drücken, dabei einen kleinen Rand formen. Kirschen gut abtropfen lassen, mit Amaretto, Zimtpulver und restlicher Zitronenschale zugedeckt in einem Topf erwärmen. Stärke mit Wasser anrühren, zu den Kirschen geben und kurz aufkochen.

3. Kirschen auf dem Teig verteilen. Restlichen Teig zwischen Frischhaltefolie ausrollen und Streifen ausrädeln. Kuchen rautenförmig mit Teigstreifen verzieren und im Backofen auf mittlerer Schiene ca. 35 Minuten backen. Gitterkuchen auskühlen lassen und servieren.

Tipp:
Sie können den Kuchen ersatzweise mit 800 g frischen, entsteinten Süßkirschen zubereiten.

Zwetschgenkuchen

Fertig in: 1 Stunde 50 Minuten
Davon aktiv: 20 Minuten

Für 20 Stücke:
200 ml fettarme Milch
1 Würfel Hefe
70 g Zucker
400 g Mehl
75 g Halbfettmargarine
1 Ei
1,5 kg Zwetschgen
(ersatzweise Pflaumen)

pro Stück 3 ProPoints Wert
576 kJ
138 kcal

1. 50 ml Milch erwärmen. Hefe zerbröckeln und mit 1 Teelöffel Zucker in warmer Milch auflösen. Mehl in eine Schüssel geben, in die Mitte eine Vertiefung drücken und Hefemilch hineingießen. Mit etwas Mehl verrühren und Vorteig an einem warmen Ort zugedeckt ca. 15 Minuten gehen lassen. Margarine schmelzen und mit restlicher Milch verrühren. Mit 3 Esslöffeln Zucker und Ei zum Vorteig geben, zu einem glatten Teig verkneten und weitere ca. 30 Minuten gehen lassen.

2. Zwetschgen waschen, halbieren und die Steine entfernen. Backofen auf 200° C (Gas: Stufe 3, Umluft: 180° C) vorheizen. Hefeteig in eine mit Backpapier ausgelegte Fettpfanne oder ein Backblech mit hohem Rand drücken und mit Zwetschgenhälften belegen. Mit restlichem Zucker bestreuen und im Backofen auf mittlerer Schiene ca. 40 Minuten backen. Zwetschgenkuchen auskühlen lassen und servieren.

Mokkaschnitten

Fertig in: 50 Minuten
Davon aktiv: 15 Minuten

Für 20 Stücke:
150 g Halbfettmargarine
120 g Zucker
1 Päckchen Vanillezucker
3 Eier
300 g Mehl
1/2 Päckchen Backpulver
4 EL Kakaopulver
6 TL Cappuccinopulver (Instant)
100 ml fettarme Milch
100 ml starker Kaffee
50 g Puderzucker

pro Stück
4 ProPoints Wert | 589 kJ
141 kcal

1. Backofen auf 180° C (Gas: Stufe 2, Umluft: 160° C) vorheizen. Margarine, Zucker und Vanillezucker cremig schlagen. Eier nach und nach unterrühren. Mehl mit Back-, Kakao- und Cappuccinopulver mischen und mit Milch unterheben. Teig auf ein mit Backpapier ausgelegtes Backblech streichen und im Backofen auf mittlerer Schiene ca. 20 Minuten backen.

2. Den noch heißen Kuchen nach dem Backen mehrmals mit einem Holzspieß einstechen, mit 90 ml Kaffee beträufeln und abkühlen lassen. Puderzucker und restlichen Kaffee zu einem Guss verrühren und Mokkaschnitten damit fadenartig garniert servieren.

Quarkstollen

Fertig in: 1 Stunde 45 Minuten
Davon aktiv: 20 Minuten

Für 2 Stück à 10 Scheiben:
120 g Rosinen
100 ml lauwarmes Wasser
600 g Mehl
1 Päckchen Backpulver
125 g Halbfettmargarine
2 Eier
300 g Magerquark
100 g Honig
einige Tropfen Bittermandelaroma
1 TL Zimtpulver
100 g Orangeat
50 g Zitronat
3 EL Puderzucker

pro Scheibe 5 ProPoints Wert | 842 kJ 201 kcal

1. Rosinen in Wasser ca. 10 Minuten einweichen und abtropfen lassen. 580 g Mehl mit Backpulver, Margarine, Eiern, Quark, Honig, Aroma und Zimtpulver zu einem glatten Teig verkneten. Orangeat und Zitronat hacken und mit Rosinen unter den Teig kneten.

2. Arbeitsfläche mit restlichem Mehl bestäuben und Teig in 2 Stücke teilen. Beide Teighälften darauf zu einem ca. 20 x 30 cm großen Rechteck ausrollen. Mit einem Nudelholz eine Hälfte des Teiges längs leicht flach rollen und zu 2/3 überklappen. Die andere Seite darüber legen, sodass die typische Stollenform entsteht. Stollen abgedeckt ca. 30 Minuten ruhen lassen. Backofen auf 160° C (Gas: Stufe 1, Umluft: 140° C) vorheizen.

3. Die Stollen auf ein mit Backpapier ausgelegtes Backblech setzen und weitere ca. 10 Minuten ruhen lassen. Im Backofen auf mittlerer Schiene ca. 45 Minuten backen und auskühlen lassen. Quarkstollen mit Puderzucker bestäubt servieren.

Limetten-Kokos-Kuchen

Fertig in: 40 Minuten
Davon aktiv: 25 Minuten

Für 8 Stücke:
1 unbehandelte Limette
150 g Mehl
1 TL Backpulver
80 g Zucker
1 Prise Salz
1 Ei
80 ml Pflanzenöl
100 ml Kefir, bis 1,5 % Fett
4 EL Wasser
4 EL Kokosraspel

pro Stück 6 ProPoints Wert | 994 kJ 238 kcal

1. Backofen auf 200° C (Gas: Stufe 3, Umluft: 180° C) vorheizen. Limettenschale abreiben und Limette auspressen. Mehl, Backpulver, 50 g Zucker und Salz vermischen. Limettenschale, Ei, Öl und Kefir dazugeben und ca. 3 Minuten verrühren.

2. Den Boden einer eckigen Form (ca. 15 x 15 cm) mit Backpapier auslegen, Teig hineinfüllen, glatt streichen und im Backofen auf mittlerer Schiene ca. 20 Minuten backen.

3. Restlichen Zucker, Wasser und Limettensaft ca. 3–5 Minuten in einem Topf zu Sirup einkochen lassen. Den noch heißen Kuchen sofort nach dem Backen mehrmals mit einem Holzstab einstechen und mit heißem Sirup beträufeln. Kuchen mit Kokosraspeln bestreuen und abkühlen lassen. Limetten-Kokos-Kuchen servieren.

Süße Knuspertarte

Fertig in: 50 Minuten
Davon aktiv: 20 Minuten

Für 12 Stücke:
1 unbehandelte Orange
1 Vanilleschote
170 ml Buttermilch
165 g brauner Zucker
3 Eier
200 g Mehl
100 g Vollkornmehl
40 g gemahlene Haselnüsse
3 TL Backpulver
90 g Margarine
4 TL Honig
6 EL kernige Haferflocken

pro Stück 7 ProPoints Wert | 1132 kJ 271 kcal

1. Backofen auf 200° C (Gas: Stufe 3, Umluft: 180° C) vorheizen. 1 Teelöffel Orangenschale abreiben. Vanilleschote längs halbieren und das Mark herauskratzen. Buttermilch, 120 g Zucker, Vanillemark, Orangenschale und Eier schaumig schlagen. Beide Mehlsorten mit Nüssen und Backpulver mischen und unterrühren. Tarteform mit 2 Teelöffeln Margarine fetten, Teig einfüllen, glatt streichen und im Backofen auf mittlerer Schiene ca. 15 Minuten vorbacken.

2. Für den Belag restliche Margarine mit restlichem Zucker, Honig und Haferflocken unter Rühren schmelzen, kurz abkühlen lassen und auf dem Boden verstreichen. Tarte im Backofen auf mittlerer Schiene weitere ca. 20 Minuten backen. Süße Knuspertarte auskühlen lassen und servieren.

Tipp:
Servieren Sie die Knuspertarte nach Wunsch mit geschlagener Cremefine oder mit kalorienreduziertem Vanilleeis.

Heidelbeer-Käsekuchen

Fertig in: 2 Stunden
Davon aktiv: 25 Minuten

Für 12 Stücke:
220 g Mehl
1 TL Backpulver
100 ml fettarme Milch
110 g Halbfettmargarine
110 g Zucker
60 g kalorienreduzierte Heidelbeerkonfitüre
1/2 unbehandelte Zitrone
2 Eier
1 Prise Salz
500 g Magerquark
4 EL Schmand
1 Päckchen Vanillepuddingpulver

pro Stück 6 ProPoints Wert | 937 kJ 222 kcal

1. Mehl, Backpulver, 1 Esslöffel Milch, Margarine und 70 g Zucker verkneten und in Folie gewickelt ca. 30 Minuten kalt stellen. Backofen auf 180° C (Gas: Stufe 2, Umluft: 160° C) vorheizen.

2. Boden und Rand einer mit Backpapier ausgelegten Springform (Ø 26 cm) mit dem Teig auskleiden, mit einer Gabel mehrmals einstechen und im Backofen auf mittlerer Schiene ca. 10 Minuten vorbacken. Boden mit Heidelbeerkonfitüre bestreichen.

3. Zitronenschale abreiben und Zitronenhälfte auspressen. Eier trennen und Eiweiß mit Salz steif schlagen. Quark mit Schmand, Eigelb, restlicher Milch, restlichem Zucker, je 1 Teelöffel Zitronensaft und -schale und Puddingpulver verrühren. Eischnee unterheben. Quarkmasse auf dem Boden verteilen und im Backofen auf mittlerer Schiene ca. 50–55 Minuten fertig backen. Nach ca. 40 Minuten Backzeit Kuchen mit Backpapier abdecken, damit die Quarkmasse nicht zu dunkel wird. Heidelbeer-Käsekuchen auskühlen lassen und servieren.

Torten

Unser Tortenzauber betört die Sinne: Ob cremig-frisch mit Limette und Joghurt oder klassisch mit Schwarzwälder Kirschtorte – dieses Geschmackserlebnis bleibt unvergessen!

Mango-Frischkäse-Torte

Fertig in: 60 Minuten
Davon aktiv: 40 Minuten

Für 12 Stücke:
3 Eier
1 Prise Salz
3 EL warmes Wasser
90 g Zucker
70 g Mehl
30 g Speisestärke
1 TL Backpulver
200 g Frischkäse, bis 1 % Fett absolut
250 g Magerquark
einige Tropfen flüssiger Süßstoff
2 große Mangos

pro Stück 3 ProPoints Wert | 506 kJ 120 kcal

1. Backofen auf 180° C (Gas: Stufe 2, Umluft: 160° C) vorheizen. Eier trennen und Eiweiß mit Salz steif schlagen. Eigelb mit Wasser und Zucker ca. 8 Minuten schaumig schlagen. Mehl mit Stärke und Backpulver mischen und mit Eischnee vorsichtig unter den Teig heben. Teig in eine mit Backpapier ausgelegte Springform (Ø 26 cm) streichen und im Backofen auf mittlerer Schiene ca. 15 Minuten backen. Auskühlen lassen und Tortenrand um den Boden legen.

2. Frischkäse und Quark mit einem Schneebesen verrühren. Creme mit Süßstoff abschmecken und auf den Boden streichen. Mangos schälen, Fruchtfleisch vom Stein und in Spalten schneiden. Frischkäsecreme mit Mangospalten belegen und Mangotorte servieren.

Beeren-Flocken-Torte

Fertig in: 1 Stunde 50 Minuten
Davon aktiv: 40 Minuten

Für 12 Stücke:
125 ml Wasser
50 g Margarine
1 Prise Salz
100 g Mehl
3 Eier
250 g gemischte Beeren (z. B. Erdbeeren, Himbeeren, Blaubeeren; ersatzweise TK, gut abgetropft)
4 Blatt Gelatine
100 ml Buttermilch
250 g Magerquark
2 EL Zucker
1 Päckchen Vanillezucker
150 ml Cremefine zum Schlagen
1 TL Puderzucker

pro Stück 4 ProPoints Wert | 574 kJ 136 kcal

1. Backofen auf 220° C (Gas: Stufe 4, Umluft: 200° C) vorheizen. Für den Teig Wasser, Margarine und Salz aufkochen. Topf von der Herdplatte nehmen, Mehl auf einmal zufügen. So lange unter Rühren erhitzen, bis sich der Teig als Kloß vom Topfboden löst. Teig in eine Schüssel geben und etwas auskühlen lassen. Eier nach und nach unterrühren.

2. Für die drei Böden jeweils ca. 4 Esslöffel Teig in eine mit Backpapier ausgelegte Springform (Ø 24 cm) geben, dünn verstreichen und nacheinander im Backofen auf mittlerer Schiene ca. 15 Minuten backen. Auf einem Kuchengitter auskühlen lassen.

3. Beeren waschen und gegebenenfalls klein schneiden. Gelatine nach Packungsanweisung einweichen. Buttermilch erhitzen, Gelatine darin unter Rühren auflösen. Quark mit Zucker und Vanillezucker verrühren, Buttermilch-Gelatine-Mix nach und nach zugeben. Creme kalt stellen. Cremefine steif schlagen. Sobald die gekühlte Creme beginnt fest zu werden, Beeren und Cremefine unterziehen.

4. Springformrand um einen Boden legen und mit der Hälfte der Quarkcreme bestreichen. Mit einem zweiten Boden belegen. Restliche Creme darauf verteilen. Den dritten Boden grob zerrupfen, über die Torte streuen und mit Puderzucker bestäuben. Beeren-Flocken-Torte servieren.

Mascarpone-Frucht-Traum

Fertig in: 2 Stunden 30 Minuten
Davon aktiv: 30 Minuten

Für 12 Stücke:
1 Biskuitboden (250 g, Fertigprodukt)
1/2 Orange
40 g Vollmilchschokolade
50 g Halbfettmargarine
250 g Mascarpone light
4 TL Cappuccinopulver, ungesüßt (Instant)
1 Beutel Gelatine Fix
125 ml Cremefine zum Schlagen
einige Tropfen flüssiger Süßstoff
1 Dose Aprikosen ohne Zucker (240 g Abtropfgewicht)
2 Nektarinen
100 g Heidelbeeren
100 g Erdbeeren
1 Päckchen Tortenguss, gezuckert
250 ml Wasser

pro Stück 5 ProPoints Wert | 984 kJ 236 kcal

1. Biskuitboden zerbröseln. Orangenhälfte auspressen. Schokolade grob hacken und im warmen Wasserbad schmelzen. Margarine in einem Topf schmelzen, mit Biskuitbröseln, Schokolade und Orangensaft vermengen. In eine mit Backpapier ausgelegte Springform (Ø 26 cm) streichen und ca. 30 Minuten kalt stellen.

2. Mascarpone mit Cappuccinopulver und Gelatine Fix verrühren. Cremefine steif schlagen und unterheben. Mit Süßstoff abschmecken, auf dem Biskuitboden verteilen und ca. 1 Stunde kalt stellen.

3. Aprikosen abtropfen lassen. Nektarinen waschen, die Steine entfernen und in Spalten schneiden. Beeren waschen, trocken tupfen und Erdbeeren halbieren. Obst auf der Creme verteilen. Tortenguss nach Packungsanweisung mit Wasser zubereiten und über das Obst geben. Tortenguss ca. 30 Minuten kalt gestellt fest werden lassen und Torte servieren.

Erdbeer-Amarettini-Torte

Fertig in: 5 Stunden
Davon aktiv: 30 Minuten

Für 12 Stücke:
130 g Butterkekse
70 g Amarettini
90 g Halbfettmargarine
300 g Erdbeeren
100 g Mascarpone light
500 g fettarmer Joghurt
125 g Magerquark
3 Päckchen Vanillezucker
8 Blatt Gelatine
1 EL gehackte Pistazien

pro Stück 4 ProPoints Wert | 737 kJ 176 kcal

1. Butterkekse und Amarettini in einen Gefrierbeutel geben, mit einem Nudelholz oder Fleischklopfer zerkleinern. Margarine in einem Topf schmelzen und Keksbrösel unterrühren. In eine mit Backpapier ausgelegte Springform (Ø 26 cm) drücken und ca. 30 Minuten kalt stellen.

2. Erdbeeren waschen, trocken tupfen und in Stücke schneiden. Mascarpone, Joghurt, Quark und Vanillezucker zu einer Creme verrühren. Gelatine nach Packungsanweisung einweichen, auflösen und 3 Esslöffel Joghurtcreme nach und nach unterrühren. Gelatinemasse mit restlicher Joghurtcreme verrühren. Sobald die Creme zu gelieren beginnt, 2/3 der Erdbeerstücke unterheben. Creme auf den Tortenboden streichen und ca. 4 Stunden kalt gestellt fest werden lassen. Torte mit restlichen Erdbeerstücken garnieren und mit Pistazien bestreut servieren.

Käse-Sahne-Torte

Fertig in: 3 Stunden 15 Minuten
Davon aktiv: 25 Minuten

Für 12 Stücke:
3 Eier
3 EL warmes Wasser
90 g Zucker
100 g Mehl
60 g Speisestärke
1 TL Backpulver
1 Zitrone
1 Vanilleschote
4 EL Puderzucker
450 g Magerquark
1 Beutel Gelatine Fix
250 ml Cremefine zum Schlagen

pro Stück 5 ProPoints Wert | 731 kJ 173 kcal

1. Backofen auf 200° C (Gas: Stufe 3, Umluft: 180° C) vorheizen. Für den Teig Eier mit Wasser und Zucker ca. 5–8 Minuten sehr schaumig aufschlagen. Mehl, Stärke und Backpulver mischen und vorsichtig unterheben. Teig in eine mit Backpapier ausgelegte Springform (Ø 26 cm) füllen und im Backofen auf mittlerer Schiene ca. 15–20 Minuten backen. Biskuit abkühlen lassen.

2. Für die Füllung Zitrone auspressen. Vanilleschote längs aufschneiden und das Mark herauskratzen. Zitronensaft mit Vanillemark und 3 1/2 Esslöffeln Puderzucker verrühren. Mit Quark vermischen und Gelatine Fix nach Packungsanweisung einrühren. Cremefine steif schlagen und unterheben.

3. Biskuit einmal waagerecht durchschneiden und einen Springformrand um den unteren Boden setzen. Creme darauf verteilen. Mit zweitem Boden abdecken und ca. 2 Stunden kalt stellen. Käse-Sahne-Torte mit restlichem Puderzucker bestäuben und servieren.

Rote-Grütze-Kuchen

Fertig in: 3 Stunden 40 Minuten
Davon aktiv: 50 Minuten

Für 12 Stücke:
3 Eier
3 EL warmes Wasser
100 g Zucker
100 g Mehl
60 g Speisestärke
1/2 TL Backpulver
1 Prise Salz
650 g gemischte Beeren (TK)
1 EL kaltes Wasser
1 Päckchen Tortenguss, ungezuckert
100 ml Cremefine zum Schlagen
1 Päckchen Vanillezucker

pro Stück 3 ProPoints Wert | 569 kJ | 136 kcal

1. Backofen auf 200° C (Gas: Stufe 3, Umluft: 180° C) vorheizen. Eier mit Wasser und 75 g Zucker ca. 8 Minuten schaumig schlagen. Mehl mit 50 g Stärke, Backpulver und Salz mischen und unter den Teig heben. Teig in eine mit Backpapier ausgelegte Springform (Ø 26 cm) streichen und im Backofen auf mittlerer Schiene ca. 15–20 Minuten backen. Auskühlen lassen und Tortenrand um den Boden legen.

2. Beeren in einem Sieb auftauen lassen. Restliche Stärke mit Wasser anrühren. Beeren mit restlichem Zucker und angerührter Stärke aufkochen. Etwas abkühlen lassen und Tortenguss untermischen. Auf den Boden geben und ca. 2 Stunden kalt gestellt fest werden lassen. Cremefine mit Vanillezucker steif schlagen, in einen Spritzbeutel mit Sternaufsatz füllen und Rote-Grütze-Kuchen mit Tupfern garniert servieren.

Stracciatella-Bananen-Rolle

Fertig in: 60 Minuten
Davon aktiv: 45 Minuten

Für 16 Stücke:
4 Eier
1 Prise Salz
4 EL warmes Wasser
150 g Zucker
100 g Mehl
50 g Speisestärke
1 TL Backpulver
1 EL Kakaopulver
3 reife Bananen
1 EL Zitronensaft
250 g Magerquark
50 g Raspelschokolade

pro Stück 3 ProPoints Wert | 582 kJ 138 kcal

1. Backofen auf 200° C (Gas: Stufe 3, Umluft: 180° C) vorheizen. Eier trennen und Eiweiß mit Salz steif schlagen. Eigelb mit Wasser und 100 g Zucker ca. 8 Minuten schaumig schlagen. Mehl, Stärke, Back- und Kakaopulver mischen und mit Eischnee unterheben. Teig auf ein mit Backpapier ausgelegtes Backblech streichen und im Backofen auf mittlerer Schiene ca. 12 Minuten backen.

2. Ein leicht feuchtes Geschirrtuch mit 1 Esslöffel Zucker bestreuen und Biskuit darauf stürzen. Biskuit samt Geschirrtuch längs aufrollen und auskühlen lassen. Bananen schälen, würfeln und mit Zitronensaft beträufeln. Quark und restlichen Zucker mit einer Gabel verrühren und Bananenwürfel mit Raspelschokolade unterheben. Biskuit ausrollen, mit der Creme bestreichen und wieder aufrollen, sodass die Naht unten liegt. Stracciatella-Bananen-Rolle in Stücke geschnitten servieren.

Statt der Bananen...

...1 Dose Birnen (540 g Abtropfgewicht) gut abtropfen lassen, würfeln und unter den Quark rühren.

Pfirsich-Melba-Torte

Fertig in: 4 Stunden
Davon aktiv: 30 Minuten

Für 12 Stücke:
250 g Pumpernickel
50 g Marzipanrohmasse
50 g Halbfettmargarine
3 reife Pfirsiche
1 Vanilleschote
500 g Magerquark
100 g Schmand
70 g Zucker
10 Blatt Gelatine
200 g Himbeeren

pro Stück 4 ProPoints Wert | 684 kJ 161 kcal

1. Pumpernickel zerbröseln und in einer Pfanne fettfrei ca. 3 Minuten rösten. Marzipan raspeln. Margarine in einem Topf schmelzen. Pumpernickelbrösel mit Marzipanraspeln unterrühren, in eine mit Backpapier ausgelegte Springform (Ø 26 cm) drücken und ca. 30 Minuten kalt stellen.

2. Für die Creme Pfirsiche waschen und die Haut mit einem Messer abziehen. Pfirsiche halbieren, die Steine entfernen und Pfirsiche in Stücke schneiden. Vanilleschote längs aufschneiden und das Mark herauskratzen. Pfirsichstücke mit Quark, Schmand, 40 g Zucker und Vanillemark pürieren. Gelatine nach Packungsanweisung einweichen, auflösen und 3 Esslöffel Quarkcreme nach und nach unterrühren. Mit restlicher Creme vermischen.

3. Himbeeren waschen, trocken tupfen und 3/4 der Beeren mit restlichem Zucker pürieren. Pfirsichcreme auf den Pumpernickelboden geben und Himbeerpüree spiralförmig unterziehen, sodass die Creme leicht marmoriert ist. Melbatorte ca. 3 Stunden kalt gestellt fest werden lassen. Torte mit restlichen Himbeeren garniert servieren.

Falls die Pfirsiche…

… noch etwas fest sind, lässt sich die Haut am besten abziehen, wenn die Pfirsiche ca. 10 Sekunden in kochendes Wasser getaucht werden.

Himbeer-Schoko-Torte

Fertig in: 4 Stunden 15 Minuten
Davon aktiv: 50 Minuten

Für 12 Stücke:
2 Eier
90 g Zucker
2 EL Wasser
70 g Mehl
1 EL Kakaopulver
2 TL Backpulver
65 ml starker Kaffee oder Espresso
20 ml Rum
750 g Himbeeren
2 EL Zitronensaft
5 Blatt Gelatine
180 g Frischkäse, bis 1 % Fett absolut
einige Tropfen flüssiger Süßstoff
140 ml Cremefine zum Schlagen

pro Stück 3 ProPoints Wert | 534 kJ 128 kcal

1. Backofen auf 180° C (Gas: Stufe 2, Umluft 160° C) vorheizen. Eier mit 60 g Zucker und Wasser weißschaumig aufschlagen. Mehl, Kakao- und Backpulver mischen und unterziehen. Masse in eine mit Backpapier ausgelegte Springform (Ø 26 cm) streichen. Teig im Backofen auf mittlerer Schiene ca. 20–25 Minuten backen.

2. Kaffee mit Rum vermischen, den noch warmen Boden damit beträufeln und auskühlen lassen. 500 g Himbeeren mit Zitronensaft und restlichem Zucker pürieren. Gelatine nach Packungsanweisung einweichen, auflösen und 3 EL Himbeerpüree nach und nach unterrühren. Mit restlichem Himbeerpüree verrühren.

3. Die Hälfte des Himbeerpürees mit Frischkäse verrühren und mit Süßstoff abschmecken. Cremefine steif schlagen und unterheben. Tortenrand um den Boden legen und Himbeermasse darauf glatt streichen. Restliches Himbeerpüree gleichmäßig auf die Torte geben, ca. 3 Stunden kalt gestellt fest werden lassen und mit restlichen Himbeeren garniert servieren.

Johannisbeer-Buttermilch-Torte

Fertig in: 4 Stunden 25 Minuten
Davon aktiv: 40 Minuten

Für 12 Stücke:
160 g Mehl
1 TL Backpulver
45 g Zucker
80 g Halbfettmargarine
2 EL Wasser
500 ml Buttermilch
2 Päckchen Vanillezucker
3 EL Zucker
6 Blatt Gelatine
200 ml Cremefine zum Schlagen
400 g Johannisbeeren
1 Päckchen roter Tortenguss

pro Stück 4 ProPoints Wert | 742 kJ 177 kcal

1. Backofen auf 200° C (Gas: Stufe 3, Umluft: 180° C) vorheizen. Mehl mit Backpulver, Zucker, Margarine und Wasser verkneten. Teig zwischen Folie ausrollen und in eine mit Backpapier ausgelegte Springform (Ø 26 cm) geben, sodass ein ca. 3 cm hoher Rand entsteht. Boden im Backofen auf mittlerer Schiene ca. 15 Minuten backen und auskühlen lassen.

2. Buttermilch mit Vanillezucker und Zucker verrühren. Gelatine nach Packungsanweisung einweichen und auflösen. 6 EL Buttermilch unterrühren, mit restlicher Buttermilch vermischen und ca. 30 Minuten kalt stellen, bis die Masse anfängt zu gelieren. Cremefine steif schlagen und unter die Buttermilchcreme heben.

3. Einen Tortenrand um den Boden legen. Buttermilchcreme daraufgeben und Kuchen ca. 3 Stunden kalt gestellt fest werden lassen. Johannisbeeren waschen, abzupfen, trocken tupfen und auf der Torte verteilen. Tortenguss nach Packungsanweisung mit Wasser zubereiten, über die Johannisbeeren geben und fest werden lassen. Johannisbeer-Buttermilch-Torte servieren.

Karibische Schneegestöbertorte

Fertig in: 3 Stunden 50 Minuten
Davon aktiv: 45 Minuten

Für 12 Stücke:
250 ml Wasser
70 g Halbfettmargarine
1 Prise Salz
150 g Mehl
3 Eier
1 Dose Ananasstücke
(240 g Abtropfgewicht)
150 ml Ananassaft (aus der Dose)
500 g Magerquark
200 g Frischkäse,
bis 1 % Fett absolut
60 g Zucker
6 Blatt Gelatine
100 ml Cremefine zum Schlagen
1 Päckchen Vanillezucker
2 EL Kokosraspel

pro Stück 5 ProPoints Wert | 798 kJ 189 kcal

1. Wasser mit Margarine und Salz zum Kochen bringen. Mehl zugeben und bei ausgeschalteter Herdplatte so lange rühren, bis sich der Teig als Kloß vom Topfboden löst. Handwarm abkühlen lassen und Eier einzeln unterrühren. Backofen auf 220° C (Gas: Stufe 4, Umluft: 200° C) vorheizen.

2. Teig in einen Spritzbeutel mit Lochtülle füllen. Auf ein mit Backpapier ausgelegtes Backblech eine Teigspirale (Ø 25 cm) mit ca. 1 cm breiten Zwischenräumen spritzen. Im Backofen auf mittlerer Schiene ca. 35 Minuten backen und auskühlen lassen.

3. Ananasstücke gut abtropfen lassen, dabei den Saft auffangen. Quark mit Frischkäse, Zucker und Ananassaft verrühren. Gelatine nach Packungsanweisung einweichen, auflösen und 3 Esslöffel Quarkmasse nach und nach unterrühren. Mit restlicher Quarkmasse verrühren.

4. Cremefine mit Vanillezucker steif schlagen. Sobald die Quarkmasse zu gelieren beginnt, Cremefine mit Ananasstücken unterheben. Einen Tortenring um den Brandteigboden legen, Quarkmasse darauf verteilen und ca. 2 Stunden kalt gestellt fest werden lassen. Karibische Schneegestöbertorte mit Kokosraspeln bestreuen und servieren.

Schwarzwälder Kirschtorte

Fertig in: 2 Stunden 40 Minuten
Davon aktiv: 40 Minuten

Für 12 Stücke:
5 Eier
1 Prise Salz
120 g Zucker
2 EL lauwarmes Wasser
120 g Mehl
1 TL Backpulver
30 g Kakaopulver
30 g gemahlene Mandeln
20 ml Kirschwasser
5 Blatt Gelatine
1 Glas Schattenmorellen ohne Zucker (340 g Abtropfgewicht)
350 ml Kirschsaft (aus dem Glas)
1 TL Zimtpulver
250 ml Cremefine zum Schlagen
2 Päckchen Vanillezucker
35 g Zartbitterschokolade

pro Stück 6 ProPoints Wert | 984 kJ 235 kcal

1. Backofen auf 175° C (Gas: Stufe 2, Umluft: 160° C) vorheizen. Eier trennen und Eiweiß mit Salz steif schlagen. Eigelb mit 90 g Zucker und Wasser ca. 8 Minuten schaumig aufschlagen. Mehl mit Back-, Kakaopulver und Mandeln mischen und mit Eischnee vorsichtig unter den Teig heben.

2. Teig in eine mit Backpapier ausgelegte Springform (Ø 26 cm) füllen und im Backofen auf mittlerer Schiene ca. 30 Minuten backen. Abkühlen lassen, zweimal waagerecht durchschneiden und Böden mit Kirschwasser beträufeln.

3. Für den Belag Gelatine nach Packungsanweisung einweichen. Kirschen abtropfen lassen, dabei den Saft auffangen und 12 Kirschen beiseitestellen. Restliche Kirschen mit Kirschsaft, Zimtpulver und restlichem Zucker erwärmen und Gelatine darin auflösen. Cremefine mit Vanillezucker steif schlagen und etwas für die Garnitur beiseitestellen.

4. Tortenrand um den unteren Boden legen, Kirschmasse daraufgeben, Boden auflegen und mit etwas Cremefine bestreichen. Dritten Boden aufsetzen und Torte rundherum mit Cremefine bestreichen. Schokolade fein raspeln. Schwarzwälder Kirschtorte mit Kirschen, Cremefinetupfen und Schokoladenraspeln garnieren, ca. 1 Stunde kalt stellen und servieren.

Stachelbeer-Baiser-Torte

Fertig in: 2 Stunden 10 Minuten
Davon aktiv: 45 Minuten

Für 12 Stücke:
2 Eier
150 g Zucker
145 g Halbfettmargarine
240 g Mehl
1 Päckchen Backpulver
4 EL Mandelblättchen
2 Gläser Stachelbeeren ohne Zucker (à 195 g Abtropfgewicht)
200 ml Stachelbeersaft (aus dem Glas)
1 Päckchen Vanillepuddingpulver
300 ml Wasser
200 ml Cremefine zum Schlagen
2 Päckchen Vanillezucker
1 Päckchen Sahnesteif

pro Stück 7 ProPoints Wert | 1170 kJ 279 kcal

1. Backofen auf 180° C (Gas: Stufe 2, Umluft: 160° C) vorheizen. Für den Teig Eier trennen und Eigelb mit 70 g Zucker und Margarine schaumig schlagen. Mehl und Backpulver mischen, darübersieben und unterziehen. Teig in eine mit Backpapier ausgelegte Springform (Ø 26 cm) streichen und im Backofen auf mittlerer Schiene ca. 15–20 Minuten vorbacken.

2. Eiweiß mit restlichem Zucker steif schlagen. Eischnee auf dem Teig verteilen, mit Mandelblättchen bestreuen und bei gleicher Temperatur weitere ca. 10–15 Minuten backen. Kuchen abkühlen lassen, einmal waagerecht durchschneiden, sodass ein Baiserdeckel entsteht, und diesen in 12 Tortenstücke schneiden.

3. Für die Füllung Stachelbeeren abtropfen lassen und dabei 200 ml Saft auffangen. Puddingpulver mit 50 ml Wasser verrühren, restliches Wasser mit Stachelbeersaft aufkochen. Puddingpulver einrühren und einmal aufkochen lassen. Stachelbeeren untermischen und etwas abkühlen lassen.

4. Springformrand um den unteren Tortenboden setzen, Kompott darauf verteilen und abkühlen lassen. Cremefine mit Vanillezucker und Sahnesteif steif schlagen, auf das Kompott streichen und mit Baiserstücken belegen. Stachelbeer-Baiser-Torte servieren.

Limetten-Joghurt-Torte

Fertig in: 4 Stunden 10 Minuten
Davon aktiv: 40 Minuten

Für 12 Stücke:
2 Eier
1 Prise Salz
2 EL warmes Wasser
75 g Zucker
50 g Mehl
3 EL Speisestärke
1 TL Backpulver
5 unbehandelte Limetten
225 g Magerquark
750 g fettarmer Joghurt
1 Päckchen Vanillezucker
einige Tropfen flüssiger Süßstoff
12 Blatt weiße Gelatine
250 ml Cremefine zum Schlagen
1 TL Honig

pro Stück 4 ProPoints Wert | 688 kJ 133 kcal

1. Backofen auf 200° C (Gas: Stufe 3, Umluft: 180° C) vorheizen. Eier trennen und Eiweiß mit Salz steif schlagen. Eigelb mit Wasser und Zucker weißschaumig aufschlagen. Mehl mit Stärke und Backpulver mischen, mit Eischnee auf die Eigelbmasse geben und vorsichtig unterheben. Masse in eine mit Backpapier ausgelegte Springform (Ø 26 cm) füllen und im Backofen auf mittlerer Schiene ca. 15 Minuten backen.

2. Von 2 Limetten die Schale abreiben, 1 Teelöffel Limettenschale zur Seite stellen und beide Limetten auspressen. Quark, Joghurt, Vanillezucker, Süßstoff, Limettenschale und -saft verrühren. 8 Blatt Gelatine nach Packungsanweisung einweichen und auflösen. 3 Esslöffel Quarkmasse nach und nach unter die Gelatine rühren und mit restlicher Quarkmasse vermischen. Creme ca. 30 Minuten kalt stellen, bis diese anfängt zu gelieren. Cremefine steif schlagen und unter die Masse heben.

3. Biskuitboden mit einem Tortenrand umlegen und Creme daraufgeben. 2 Limetten auspressen und restliche Gelatine einweichen. Limettensaft mit Honig in einem Topf erwärmen und Gelatine darin auflösen. Masse leicht abkühlen lassen und als Spiegel auf der Torte verteilen. Limetten-Joghurt-Torte ca. 3 Stunden kalt gestellt fest werden lassen. Restliche Limette in dünne Scheiben schneiden und Torte damit und mit restlicher abgeriebener Limettenschale garniert servieren.

Klassische Donauwellen

Fertig in: 60 Minuten
Davon aktiv: 40 Minuten

Für 20 Stücke:
1 Glas Schattenmorellen (350 g Abtropfgewicht)
220 g Halbfettmargarine
150 g Zucker
3 Eier
250 g Mehl
2 TL Backpulver
400 ml fettarme Milch
1 EL Kakaopulver
1 Päckchen Vanillepuddingpulver
500 g Magerquark
einige Tropfen flüssiger Süßstoff
3 EL Raspelschokolade

pro Stück 5 ProPoints Wert | 714 kJ 169 kcal

1. Backofen auf 180° C (Gas: Stufe 2, Umluft: 160° C) vorheizen. Kirschen abtropfen lassen. Margarine mit Zucker cremig schlagen. Eier einzeln unterrühren. Mehl mit Backpulver mischen und im Wechsel mit 100 ml Milch untermischen. Die Hälfte des Teiges dünn auf ein mit Backpapier ausgelegtes Backblech streichen.

2. Restlichen Teig mit Kakaopulver vermischen und auf den hellen Teig streichen. Mit Kirschen belegen, im Backofen auf mittlerer Schiene ca. 20 Minuten backen und auskühlen lassen.

3. Vanillepuddingpulver in 50 ml Milch auflösen. Restliche Milch aufkochen, angerührtes Puddingpulver untermischen und kurz köcheln lassen. Pudding etwas abkühlen lassen, Quark unterrühren und mit Süßstoff abschmecken. Creme auf den Teig streichen, mit Raspelschokolade bestreuen und servieren.

Blaubeer-Frischkäse-Torte

Fertig in: 3 Stunden 10 Minuten
Davon aktiv: 40 Minuten

Für 12 Stücke:
100 g Amarettini
100 g Zwieback
110 g Halbfettmargarine
500 g Blaubeeren
1 unbehandelte Limette
400 g Frischkäse, bis 1 % Fett absolut
einige Tropfen flüssiger Süßstoff
5 Blatt Gelatine
250 ml Cremefine zum Schlagen

pro Stück 4 ProPoints Wert | 751 kJ 180 kcal

1. Amarettini und Zwieback in einen Gefrierbeutel geben und mit einem Nudelholz oder Fleischklopfer fein zerbröseln. Margarine in einem Topf schmelzen und Keksbrösel untermischen. In eine mit Backpapier ausgelegte Springform (Ø 26 cm) drücken und ca. 30 Minuten kalt stellen.

2. Blaubeeren waschen und trocken tupfen. Limettenschale abreiben und Limette auspressen. Frischkäse mit Limettenschale und -saft verrühren und mit Süßstoff abschmecken. Gelatine nach Packungsanweisung einweichen, auflösen und 3 Esslöffel Frischkäsecreme nach und nach untermischen. Mit restlicher Frischkäsecreme verrühren. Cremefine steif schlagen und unterheben.

3. Die Hälfte der Creme auf dem Keksboden verteilen, mit 400 g Blaubeeren belegen und übrige Creme darauf verteilen. Torte ca. 2 Stunden kalt gestellt fest werden lassen. Restliche Blaubeeren auf der Torte verteilen und nach Wunsch mit Limettenschale garniert servieren.

Fruchtige Orangen-Quark-Torte

Fertig in: 75 Minuten
Davon aktiv: 35 Minuten

Für 12 Stücke:
3 Eier
3 EL warmes Wasser
110 g Zucker
70 g Mehl
30 g Speisestärke
1 TL Backpulver
1 Prise Salz
4 unbehandelte Orangen
250 g Magerquark
2 EL Orangensaft
250 g Cremefine zum Schlagen
1 TL Puderzucker

pro Stück 4 ProPoints Wert | 677 kJ 161 kcal

1. Backofen auf 180° C (Gas: Stufe 2, Umluft: 160° C) vorheizen. Für den Biskuit Eier trennen und Eigelb mit Wasser und 90 g Zucker ca. 8 Minuten schaumig schlagen. Mehl mit Speisestärke und Backpulver mischen und unterheben. Eiweiß mit Salz steif schlagen und vorsichtig unter den Teig heben. Teig in eine mit Backpapier ausgelegte Springform (23 x 23 cm, alternativ Ø 26 cm) streichen, auf mittlerer Schiene ca. 15 Minuten backen und auskühlen lassen.

2. Für die Füllung 3 Orangen schälen und filetieren. Restliche Orange mit Schale in Scheiben schneiden. Quark mit Orangensaft und restlichem Zucker glatt rühren. Cremefine steif schlagen und unter den Quark heben. Biskuit waagerecht durchschneiden. Tortenrand um den Boden legen und Creme auf den Boden streichen. Orangenfilets auf der Creme verteilen und mit Teigdeckel belegen. Orangen-Quark-Torte mit Puderzucker bestäuben und mit Orangenscheiben garniert servieren.

Lieben Sie es cremiger, …

… dann verdoppeln Sie die Menge der Quarkmasse und streichen Sie die Torte rundum damit ein. Garnieren Sie die Torte mit den Orangenscheiben, 2 EL gehackten Pistazien und einigen Blättern Minze.

Knusprige Apfeltorte

Fertig in: 4 Stunden 10 Minuten
Davon aktiv: 40 Minuten

Für 12 Stücke:
100 g Zwieback
50 g Knuspermüsli
120 g weiße Kuvertüre
1/2 Zitrone
3 süßliche Äpfel (z. B. Jonagold)
60 ml Wasser
250 ml Apfelsaft
1/2 Päckchen Vanillepuddingpulver
80 g Zucker
4 Blatt Gelatine
300 g fettarmer Joghurt
150 ml Cremefine zum Schlagen
2 EL Mandelstifte
2 Prisen Zimtpulver

pro Stück 5 ProPoints Wert | 910 kJ 217 kcal

1. Zwieback und Knuspermüsli in einen Gefrierbeutel geben und mit einem Nudelholz oder Fleischklopfer zerkleinern. Kuvertüre grob hacken und im warmen Wasserbad schmelzen. Brösel unterrühren, in eine mit Backpapier ausgelegte Springform (Ø 26 cm) drücken und ca. 30 Minuten kalt stellen.

2. Zitronenhälfte auspressen. Äpfel waschen, vierteln, entkernen und in Stücke schneiden. Apfelstücke mit Zitronensaft, 30 ml Wasser und Apfelsaft in einem Topf ca. 5 Minuten garen. Vanillepuddingpulver mit restlichem Wasser und 20 g Zucker anrühren. Aufgelöstes Puddingpulver unter die Apfelstücke rühren und kurz aufkochen. Boden mit Apfelpudding bestreichen und ca. 1 Stunde kalt gestellt fest werden lassen.

3. Gelatine nach Packungsanweisung einweichen, auflösen und 3 Esslöffel Joghurt unterrühren. Mit restlichem Joghurt und Zucker verrühren. Cremefine steif schlagen und unterheben. Joghurtcreme auf die Apfelmasse streichen und ca. 2 Stunden kalt gestellt fest werden lassen. Apfeltorte mit Mandelstiften und Zimtpulver garniert servieren.

Feigen-Vanille-Torte

Fertig in: 3 Stunden
Davon aktiv: 30 Minuten

Für 12 Stücke:
150 g Butterkekse
90 g Halbfettmargarine
1 unbehandelte Orange
6 Feigen
2 EL Wasser
500 g Vanillejoghurt, 0,1 % Fett
60 g Zucker
8 Blatt Gelatine
200 ml Cremefine zum Schlagen
1 EL gehackte Pistazien

pro Stück 4 ProPoints Wert | 753 kJ 180 kcal

1. Butterkekse in einen Gefrierbeutel geben und mit einem Nudelholz oder Fleischklopfer zerkleinern. Margarine in einem Topf schmelzen. Keksbrösel unterrühren, in eine mit Backpapier ausgelegte Springform (Ø 26 cm) drücken und ca. 30 Minuten kalt stellen.

2. Orangenschale abreiben. 3 Feigen waschen und in feine Würfel schneiden. Feigenwürfel in Wasser ca. 1 Minute köcheln, abtropfen lassen und auf dem Keksboden verteilen. Vanillejoghurt mit 1/2 Teelöffel Orangenschale und Zucker verrühren. Gelatine nach Packungsanweisung einweichen, auflösen und 3 Esslöffel Joghurtcreme nach und nach unterrühren. Mit restlicher Creme verrühren. Cremefine steif schlagen und unterheben.

3. Creme auf den Feigenwürfeln verteilen und Torte im Kühlschrank ca. 2 Stunden fest werden lassen. Restliche Feigen waschen und in Spalten schneiden. Torte mit Feigenspalten und Pistazien garniert servieren.

Feine Biskuitrolle mit Zitronenfüllung

Fertig in: 2 Stunden 50 Minuten
Davon aktiv: 30 Minuten

Für 16 Stücke:
4 Eier
1 Prise Salz
4 EL lauwarmes Wasser
145 g Zucker
80 g Mehl
30 g Speisestärke
1 TL Backpulver
1 unbehandelte Zitrone
250 g Magerquark
150 g fettarmer Joghurt
6 Blatt Gelatine
30 g Zartbitterkuvertüre

pro Stück 3 ProPoints Wert | 438 kJ 104 kcal

1. Backofen auf 200° C (Gas: Stufe 3, Umluft: 180° C) vorheizen. Eier trennen und Eiweiß mit Salz steif schlagen. Eigelb mit Wasser und 80 g Zucker ca. 8 Minuten schaumig schlagen. Mehl mit Speisestärke und Backpulver mischen und mit Eischnee unterheben.

2. Biskuitteig auf ein mit Backpapier ausgelegtes Backblech streichen, im Backofen auf mittlerer Schiene ca. 10–12 Minuten backen und auf ein mit 10 g Zucker bestreutes Geschirrtuch stürzen. Biskuit samt Tuch von der Längsseite her aufrollen und auskühlen lassen.

3. Zitronenschale abreiben und Zitrone auspressen. Quark und Joghurt mit 2 Esslöffeln Zitronensaft, 1 Teelöffel Zitronenschale und restlichem Zucker verrühren. Gelatine nach Packungsanweisung einweichen und auflösen. 2 Esslöffel Quarkmasse unter die Gelatine rühren, dann alles mit der restlichen Quarkmasse verrühren. Creme ca. 10 Minuten kalt stellen, bis sie zu gelieren beginnt.

4. Biskuit auseinanderrollen, mit Zitronencreme bestreichen und wieder aufrollen, sodass die Naht unten liegt. Zitronenrolle ca. 2 Stunden kalt gestellt fest werden lassen. Kuvertüre im warmen Wasserbad schmelzen. Zitronenrolle mit dünnen Schokoladenfäden garnieren und servieren.

Preiselbeertorte

Fertig in: 4 Stunden 5 Minuten
Davon aktiv: 35 Minuten

Für 12 Stücke:
3 EL gehackte Haselnüsse
130 g Vollkornkekse
100 g Halbfettmargarine
170 g Preiselbeeren (Glas)
400 g fettarmer Joghurt
60 g Zucker
8 Blatt rote Gelatine
200 ml Cremefine zum Schlagen
20 g Zartbitterschokolade

pro Stück 6 ProPoints Wert | 862 kJ | 206 kcal

1. Haselnüsse in einer Pfanne fettfrei rösten. Vollkornkekse in einen Gefrierbeutel geben und mit einem Nudelholz oder Fleischklopfer zerkleinern. Margarine in einem Topf schmelzen. Keksbrösel und Haselnüsse unterrühren, in eine mit Backpapier ausgelegte Springform (Ø 26 cm) drücken und ca. 30 Minuten kalt stellen.

2. Preiselbeeren gut abtropfen lassen. 2 Esslöffel Preiselbeeren zur Seite stellen. Joghurt mit restlichen Preiselbeeren und Zucker vermischen. Gelatine nach Packungsanweisung einweichen, auflösen und 3 Esslöffel Joghurtcreme nach und nach unterrühren. Mit restlicher Creme vermischen. Cremefine steif schlagen und unterheben.

3. Creme auf den Boden streichen und Torte ca. 3 Stunden kalt gestellt fest werden lassen. Zartbitterschokolade raspeln und Preiselbeertorte mit Schokoladenraspeln und restlichen Preiselbeeren garniert servieren.

Idee:
Falls Sie nicht gerne mit Blattgelatine arbeiten, können Sie auch Gelatine Fix verwenden. Einfach 4 Beutel Gelatine Fix nach Packungsanweisung in den Joghurt einrühren und mit Süßstoff abschmecken.

Erdbeer-Schokoladen-Torte

Fertig in: 1 Stunde 40 Minuten
Davon aktiv: 25 Minuten

Für 12 Stücke:
4 Eier
1 Prise Salz
120 g Zucker
1 Päckchen Vanillezucker
4 EL lauwarmes Wasser
100 g Mehl
80 g Speisestärke
2 EL Kakaopulver
1/2 TL Backpulver
500 g Erdbeeren
90 ml Cremefine zum Schlagen
400 g Magermilchjoghurt
2 Beutel Gelatine Fix
1 EL Puderzucker

pro Stück 5 ProPoints Wert | 735 kJ 175 kcal

1. Backofen auf 200° C (Gas: Stufe 3, Umluft: 180° C) vorheizen. Eier trennen und Eiweiß mit Salz steif schlagen. Eigelb mit 90 g Zucker, Vanillezucker und Wasser ca. 5–8 Minuten cremig aufschlagen. Eischnee daraufgeben. Mehl, Stärke, Kakao- und Backpulver darübersieben und alles unterheben.

2. Teig in eine mit Backpapier ausgelegte Springform (Ø 26 cm) streichen und im Backofen auf mittlerer Schiene ca. 15 Minuten backen. Abkühlen lassen und waagerecht durchschneiden.

3. Tortenring um den unteren Boden legen. Erdbeeren waschen, trocken tupfen und mit den Spitzen nach oben auf dem Tortenboden verteilen. Cremefine steif schlagen. Joghurt mit Gelatine Fix verrühren und Cremefine und restlichen Zucker unterheben. Erdbeeren mit der Creme bedecken. Zweiten Tortenboden daraufsetzen und ca. 1 Stunde kalt gestellt fest werden lassen. Erdbeer-Schokoladen-Torte mit Puderzucker bestäuben und nach Wunsch mit Erdbeerstücken garniert servieren.

Beerentraum

Fertig in: 3 Stunden 55 Minuten
Davon aktiv: 25 Minuten

Für 12 Stücke:
100 g Butterkekse
50 g Cantuccini
80 g Halbfettmargarine
1/2 unbehandelte Orange
3 TL Quittengelee
500 g frische Beeren
(z. B. Himbeeren, Heidelbeeren und Brombeeren)
350 g fettarmer Joghurt
50 g Zucker
4 Blatt Gelatine
250 ml Cremefine zum Schlagen

pro Stück 4 ProPoints Wert | 744 kJ 177 kcal

1. Butterkekse und Cantuccini in einen Gefrierbeutel geben, mit einem Nudelholz oder Fleischklopfer zerkleinern. Margarine in einem Topf schmelzen. Keksbrösel unterrühren und 1 Esslöffel der Masse zur Seite stellen. Restliche Brösel in eine mit Backpapier ausgelegte eckige Springform (24 x 24 cm, ersatzweise Ø 26 cm) drücken und ca. 30 Minuten kalt stellen.

2. Orangenschale abreiben und Orangenhälfte auspressen. Quittengelee in einem Topf erwärmen und Keksboden damit bestreichen. Beeren waschen, gut trocken tupfen und 3/4 der Beeren auf dem Boden verteilen.

3. Joghurt mit Orangensaft, 1/2 Teelöffel Orangenschale und Zucker verrühren. Gelatine nach Packungsanweisung einweichen, auflösen und 3 Esslöffel Joghurtcreme nach und nach unterrühren. Mit restlicher Creme verrühren. Cremefine steif schlagen und unterheben.

4. Creme auf den Beeren verteilen und Torte ca. 3 Stunden kalt gestellt fest werden lassen. Mit restlichen Beeren und Kekskrümeln garniert servieren.

Schneewittchentorte

Fertig in: 3 Stunden 55 Minuten
Davon aktiv: 40 Minuten

Für 12 Stücke:
80 g Halbfettmargarine
120 g Zucker
2 Eier
750 g Magermilchjoghurt
120 g Mehl
1 TL Backpulver
1 EL Kakaopulver
1 Glas Sauerkirschen ohne Zucker (350 g Abtropfgewicht)
200 ml Kirschsaft (aus dem Glas)
360 g Frischkäse, bis 1 % Fett absolut
2 EL Zitronensaft
1/2 TL Zimtpulver
einige Tropfen flüssiger Süßstoff
4 Beutel Gelatine Fix
1 Päckchen roter Tortenguss, ungezuckert
50 ml Wasser

pro Stück 5 ProPoints Wert | 855 kJ | 204 kcal

1. Backofen auf 180° C (Gas: Stufe 2, Umluft: 160° C) vorheizen. Für den Teig Margarine mit 75 g Zucker cremig rühren, nach und nach die Eier unterrühren. 150 g Joghurt dazugeben. Mehl mit Backpulver mischen, darübersieben und untermischen.

2. Teig halbieren und eine Hälfte in eine mit Backpapier ausgelegte Springform (Ø 26 cm) streichen. Restlichen Teig mit Kakaopulver verrühren und auf den hellen Teig geben. Sauerkirschen abtropfen lassen, dabei 200 ml Saft auffangen. Kirschen auf dem Teig verteilen, im Backofen auf mittlerer Schiene ca. 40–45 Minuten backen und in der Form auskühlen lassen.

3. Für den Belag restlichen Joghurt mit Frischkäse, Zitronensaft und Zimtpulver verrühren und mit Süßstoff abschmecken. Gelatine Fix nach Packungsanweisung einrühren und Joghurtmasse auf dem Kuchen verteilen. Schneewittchentorte ca. 1 Stunde kalt gestellt fest werden lassen.

4. Tortenguss nach Packungsanweisung mit Kirschsaft, Wasser und restlichem Zucker zubereiten. Kuchen damit überziehen und ca. 1 weitere Stunde kalt stellen. Schneewittchentorte servieren.

Schokotorte mit Butterkeksen

Fertig in: 2 Stunden
Davon aktiv: 25 Minuten

Für 12 Stücke:
80 g Butterkekse mit Schokolade
70 g Butterkekse
80 g Halbfettmargarine
120 g weiße Schokolade
350 g Frischkäse, bis 1 % Fett absolut
200 ml Cremefine zum Schlagen
1 EL dunkle Raspelschokolade

pro Stück 5 ProPoints Wert | 798 kJ 191 kcal

1. Beide Sorten Butterkekse in einen Gefrierbeutel geben und mit einem Nudelholz oder Fleischklopfer zerkleinern. Margarine in einem Topf schmelzen. Keksbrösel unterrühren, in eine mit Backpapier ausgelegte Springform (Ø 26 cm) drücken und ca. 30 Minuten kalt stellen.

2. 100 g weiße Schokolade grob hacken und im warmen Wasserbad schmelzen. Schokolade mit Frischkäse verrühren. Cremefine steif schlagen und unter die Frischkäsemasse heben. Schokoladencreme auf den Keksboden streichen und ca. 1 Stunde kalt gestellt fest werden lassen. Restliche Schokolade raspeln. Torte mit weißer und dunkler Raspelschokolade garniert servieren.

Exotische Kokostorte

Fertig in: 3 Stunden 55 Minuten
Davon aktiv: 25 Minuten

Für 12 Stücke:
60 g Zwieback
80 g Butterkekse
100 g Halbfettmargarine
1 unbehandelte Limette
1 Mango (ca. 200 g)
55 g Kokosraspel
300 g fettarmer Joghurt
20 ml Kokoslikör
60 g Zucker
4 Blatt Gelatine
200 ml Cremefine zum Schlagen
1 EL gehackte Pistazien

pro Stück 5 ProPoints Wert | 806 kJ 193 kcal

1. Zwieback und Butterkekse in einen Gefrierbeutel geben und mit einem Nudelholz zerkleinern. Margarine in einem Topf schmelzen. Brösel unterrühren, in eine mit Backpapier ausgelegte Springform (Ø 26 cm) drücken und ca. 30 Minuten kalt stellen.

2. Limettenschale abreiben und Limette auspressen. Mango schälen, das Fruchtfleisch vom Stein schneiden und würfeln. Kokosraspel in einer Pfanne fettfrei leicht rösten und 1 Esslöffel zur Seite stellen.

3. Für die Creme Joghurt mit Kokosraspeln, Kokoslikör, 1 Teelöffel Limettensaft, 1/2 Teelöffel Limettenschale und Zucker verrühren. Gelatine nach Packungsanweisung einweichen, auflösen und 3 Esslöffel Joghurtcreme nach und nach unterrühren. Mit restlicher Creme verrühren. Cremefine steif schlagen und mit Mangowürfeln unterheben.

4. Creme auf den Boden streichen und Torte ca. 3 Stunden kalt gestellt fest werden lassen. Mit restlichen Kokosraspeln und Pistazien bestreut servieren.

Variante:
Statt mit Kokoslikör können Sie die Creme auch mit 2 Esslöffeln Ananassaft verfeinern.

Fruchtige Käsetorte

Fertig in: 3 Stunden
Davon aktiv: 30 Minuten

Für 12 Stücke:
200 g Waffelgebäck mit Cremefüllung (Eiswaffeln)
80 g Halbfettmargarine
3 Birnen (z. B. Williams Christ)
3 süßliche Äpfel (z. B. Jonagold)
1/2 Zitrone
80 g Zucker
400 g Frischkäse, bis 1 % Fett absolut
150 g Schmand
6 Blatt weiße Gelatine
2 EL Raspelschokolade

pro Stück 5 ProPoints Wert | 953 kJ 228 kcal

1. Waffelgebäck in einen Gefrierbeutel geben und mit einem Nudelholz oder Fleischklopfer zerkleinern. Margarine in einem Topf schmelzen. Waffelbrösel unterrühren, in eine mit Backpapier ausgelegte Springform (Ø 26 cm) drücken und ca. 30 Minuten kalt stellen.

2. Birnen und Äpfel vierteln, entkernen, schälen und in Würfel schneiden. Zitronenhälfte auspressen. Zucker in einem Topf karamellisieren. Birnen- und Apfelwürfel zugeben, mit 1 Esslöffel Zitronensaft ablöschen und ca. 3–4 Minuten einkochen lassen. 3 Esslöffel Kompott zur Seite stellen.

3. Frischkäse mit Schmand verrühren. Gelatine nach Packungsanweisung einweichen, auflösen und 3 Esslöffel Frischkäsecreme nach und nach unterrühren. Mit Kompott und restlicher Frischkäsecreme verrühren. Creme auf den Keksboden geben und Torte ca. 2 Stunden kalt gestellt fest werden lassen. Mit restlichem Kompott und Raspelschokolade garniert servieren.

Bananen-Schoko-Torte

Fertig in: 5 Stunden
Davon aktiv: 30 Minuten

Für 12 Stücke:
150 g Löffelbiskuits
100 g Halbfettmargarine
4 reife Bananen (ca. 400 g)
400 g Crème légère
250 g Magerquark
2 EL Kakaopulver
3 EL Raspelschokolade
einige Tropfen flüssiger Süßstoff
2 Beutel Gelatine Fix
30 g Bananenchips

pro Stück 5 ProPoints Wert | 891 kJ
213 kcal

1. Löffelbiskuits in einen Gefrierbeutel geben und mit einem Nudelholz oder Fleischklopfer zerkleinern. Margarine in einem Topf schmelzen. Löffelbiskuitbrösel unterrühren, Masse in eine mit Backpapier ausgelegte Springform (Ø 26 cm) drücken und ca. 30 Minuten kalt stellen.

2. Für die Creme Bananen schälen und in Stücke schneiden. Bananenstücke mit Crème légère und Quark pürieren. Kakaopulver mit 2 Esslöffeln Raspelschokolade unter die Creme rühren und mit Süßstoff abschmecken. Gelatine Fix nach Packungsanweisung unterrühren.

3. Creme auf den Boden streichen und Torte ca. 4 Stunden kalt gestellt fest werden lassen. Bananenchips zerkleinern. Bananen-Schoko-Torte mit restlicher Raspelschokolade und Bananenchips bestreut servieren.

Erdbeer-Schokoknusper-Torte

Fertig in: 4 Stunden
Davon aktiv: 30 Minuten

Für 12 Stücke:
130 g Zartbitterschokolade
6 Reiswaffeln
300 g Erdbeeren
600 g Frischkäse, bis 1 % Fett absolut
250 g fettarmer Joghurt
2 Päckchen Vanillezucker
2 TL Zucker
6 Blatt Gelatine

pro Stück 4 ProPoints Wert | 560 kJ 133 kcal

1. 1 Esslöffel Schokoraspel abreiben und zur Seite stellen. Restliche Schokolade grob hacken und im Wasserbad schmelzen. Reiswaffeln in einen Gefrierbeutel geben, mit einem Nudelholz oder Fleischklopfer gut zerkleinern und unter die Schokolade heben. Masse in eine mit Backpapier ausgelegte Springform (Ø 26 cm) geben, andrücken und ca. 30 Minuten kalt stellen.

2. Erdbeeren waschen, trocken tupfen, 250 g würfeln und restliche Erdbeeren in Spalten schneiden. Für die Creme Frischkäse mit Joghurt, Vanillezucker und Zucker glatt rühren. Gelatine nach Packungsanweisung einweichen, auflösen und mit 4 Esslöffeln Frischkäsecreme nach und nach mischen. Gelatinemasse mit der restlichen Frischkäsecreme verrühren.

3. Erdbeerwürfel unter die Creme heben und gleichmäßig auf dem Knusperboden verteilen. Torte ca. 3 Stunden kalt gestellt fest werden lassen. Erdbeer-Schokoknusper-Torte mit Erdbeerspalten und Schokoraspeln garniert servieren.

Pfirsichcarpaccio-Torte

Fertig in: 5 Stunden 10 Minuten
Davon aktiv: 50 Minuten

Für 12 Stücke:
3 Eier
1 Prise Salz
3 EL warmes Wasser
75 g Zucker
100 g Mehl
50 g Speisestärke
1/2 TL Backpulver
500 ml Dickmilch, 1,5 % Fett
einige Tropfen flüssiger Süßstoff
6 Blatt Gelatine
250 ml Cremefine zum Schlagen
1 Glas Pfirsiche
(470 g Abtropfgewicht)

pro Stück 5 ProPoints Wert | 734 kJ 175 kcal

1. Backofen auf 200° C (Gas: Stufe 3, Umluft: 180° C) vorheizen. Eier trennen und Eiweiß mit Salz steif schlagen. Eigelb mit Wasser und Zucker ca. 8 Minuten schaumig schlagen. Mehl mit Stärke und Backpulver mischen. Mehlmischung mit Eischnee auf die Eigelbmischung geben und vorsichtig unterheben. Teig in eine mit Backpapier ausgelegte Springform (Ø 26 cm) streichen und im Backofen auf mittlerer Schiene ca. 15–20 Minuten backen. Auskühlen lassen, waagerecht halbieren und Tortenrand umlegen.

2. Dickmilch mit Süßstoff abschmecken. Gelatine nach Packungsanweisung einweichen, auflösen und mit 3 Esslöffeln Dickmilch verrühren. Restliche Dickmilch unterrühren. Cremefine steif schlagen und unter die Masse heben. Sobald die Creme zu gelieren beginnt, 3/4 davon auf den unteren Tortenboden streichen. Zweiten Boden darauflegen und mit restlicher Creme bestreichen. Pfirsiche abtropfen lassen, in dünne Spalten schneiden und Torte damit belegen. Pfirsichcarpaccio-Torte ca. 4 Stunden kalt gestellt fest werden lassen und servieren.

Kekse

Hier darf die ganze Familie ran: Kekse backen gehört nicht nur zur Weihnachtszeit zum Schönsten, was man in der Küche machen kann. Süße Leckereien wie Orangen-Schoko-Herzen, schnelle Hafercookies oder kleine Schokohügel beglücken jeden (Nachwuchs-) Bäcker.

Schokoplätzchen

Fertig in: 1 Stunde 55 Minuten
Davon aktiv: 40 Minuten

Für 40 Stück:
340 g Mehl
1/2 TL Backpulver
70 g gemahlene Mandeln
75 g Zucker
2 Päckchen Vanillezucker
1 Prise Salz
1 Ei
200 g Halbfettmargarine
70 g Vollmilchschokolade
50 g gehackte Cashewnüsse
1 TL Puderzucker

pro Stück
2 ProPoints Wert
358 kJ
86 kcal

1. 320 g Mehl mit Backpulver mischen. Mit Mandeln, Zucker, Vanillezucker, Salz, Ei und Margarine zu einem Teig verkneten und ca. 1 Stunde kalt stellen. Backofen auf 175° C (Gas: Stufe 2, Umluft: 155° C) vorheizen.

2. Arbeitsfläche mit restlichem Mehl bestäuben, Teig darauf dünn ausrollen und 80 Sterne ausstechen. Plätzchen auf 2 mit Backpapier ausgelegte Backbleche setzen und nacheinander im Backofen auf mittlerer Schiene ca. 15 Minuten backen.

3. Schokolade im warmen Wasserbad schmelzen. Cashewnüsse unterheben. Die Hälfte der Plätzchen mit der Cashewschokolade bestreichen, jeweils ein zweites Plätzchen aufsetzen und leicht andrücken. Plätzchen trocknen lassen und mit Puderzucker bestäubt servieren.

Kokosbissen

Fertig in: 75 Minuten
Davon aktiv: 30 Minuten

Für 30 Stück:
1 Ei
170 g Mehl
1 TL Backpulver
135 g Zucker
2 Päckchen Vanillezucker
70 g Halbfettmargarine
1 Eiweiß
1 Prise Salz
80 g Kokosraspel
einige Tropfen Bittermandelaroma
60 g kalorienreduzierte Johannisbeerkonfitüre

pro Stück 2 ProPoints Wert | 309 kJ 74 kcal

1. Ei trennen. 1 Esslöffel Mehl zur Seite stellen. Restliches Mehl mit Backpulver, 2 1/2 Esslöffeln Zucker, Vanillezucker, Eigelb und Margarine zu einem glatten Teig verkneten und in Folie gewickelt ca. 30 Minuten kalt stellen. Backofen auf 160° C (Gas: Stufe 1, Umluft: 140° C) vorheizen.

2. Gesamtes Eiweiß mit Salz steif schlagen und restlichen Zucker dabei einrieseln lassen. Kokosraspel mit Bittermandelaroma unterziehen. Arbeitsfläche mit restlichem Mehl bestäuben, Teig darauf ausrollen und 30 Kreise ausstechen. Eiweiß-Kokos-Masse in einen Spritzbeutel füllen, einen Rand auf die Teigkreise spritzen und jeweils einen Klecks Konfitüre in die Mitte geben. Kokosbissen auf einem mit Backpapier ausgelegten Backblech im Backofen auf mittlerer Schiene ca. 12 Minuten backen, auskühlen lassen und servieren.

Orangen-Schoko-Herzen

Fertig in: 2 Stunden
Davon aktiv: 35 Minuten

Für 50 Stück:
1 unbehandelte Orange
200 g Mehl
1 TL Backpulver
1 EL Kakaopulver
100 g Halbfettmargarine
90 g Zucker
100 g Puderzucker
1/4 TL Ingwerpulver

1. Orangenschale abreiben und Orange auspressen. Mehl mit Back- und Kakaopulver mischen. Mit Margarine, Zucker, 2 Esslöffeln Orangensaft und Orangenschale zu einem glatten Teig verkneten. Teig in Folie gewickelt ca. 1 Stunde kalt stellen.

2. Backofen auf 180° C (Gas: Stufe 2, Umluft: 160° C) vorheizen. Teig portionsweise zwischen Frischhaltefolie ca. 3 mm dick ausrollen. 50 Herzen ausstechen und auf 2 mit Backpapier ausgelegte Backbleche legen.

3. Plätzchen nacheinander im Backofen auf mittlerer Schiene ca. 10 Minuten backen und auskühlen lassen. Puderzucker sieben, mit Ingwerpulver mischen und mit 1–2 Esslöffeln Orangensaft zu einem glatten Guss verrühren. Schokoherzen mit Ingwerglasur verzieren, fest werden lassen und servieren.

pro Stück 1 ProPoints Wert | 159 kJ 38 kcal

Hafercookies mit Schokosplittern

Fertig in: 30 Minuten
Davon aktiv: 15 Minuten

Für 12 Stück:
120 g Mehl
50 g feine Haferflocken
50 g Schokoladentropfen (ersatzweise Raspelschokolade)
1/2 TL Backpulver
70 g Halbfettmargarine
65 g Zucker
1 Ei

1. Backofen auf 200° C (Gas: Stufe 3, Umluft: 180° C) vorheizen. Mehl, Haferflocken, Schokoladentropfen und Backpulver mischen. Margarine, Zucker und Ei schaumig rühren. Mehlmischung unterheben und alles zu einem Teig verkneten.

2. Mit Hilfe von 2 Esslöffeln 12 flache Teigportionen auf ein mit Backpapier ausgelegtes Backblech setzen. Schokoladencookies ca. 15 Minuten auf mittlerer Schiene backen, auskühlen lassen und servieren.

pro Stück 3 ProPoints Wert | 496 kJ 119 kcal

Schnelle Cashewtaler

Fertig in: 40 Minuten
Davon aktiv: 20 Minuten

Für 40 Stück:
200 g Mehl
1 Prise Salz
1 TL Backpulver
150 g Halbfettmargarine
100 g Zucker
1 Ei
75 g gehackte Cashewnüsse

pro Stück 1 ProPoints Wert | 225 kJ 54 kcal

1. Backofen auf 180° C (Gas: Stufe 2, Umluft: 160° C) vorheizen. Mehl mit Salz und Backpulver mischen. Mit Margarine, Zucker, Ei und Cashewnüssen zu einem glatten Teig verkneten.

2. Mit Hilfe von 2 Teelöffeln 40 Teighäufchen auf ein mit Backpapier ausgelegtes Backblech setzen. Mit einer Gabel leicht flach drücken, dabei die Gabel zwischendurch in kaltes Wasser tauchen, damit der Teig nicht daran kleben bleibt. Im Backofen auf mittlerer Schiene ca. 15–20 Minuten goldbraun backen. Cashewtaler auskühlen lassen und servieren.

Tipp:
In einer luftdichten Dose verpackt sind die Cashewtaler ca. 2 Wochen haltbar.

Oblaten-Lebkuchen mit Schokolade

Fertig in: 85 Minuten
Davon aktiv: 30 Minuten

Für 50 Stück:
1 unbehandelte Zitrone
50 g Zitronat
50 g Orangeat
2 Eier
100 g Puderzucker
1 TL Zimtpulver
1 Prise Salz
1 Msp. gemahlene Nelken
50 g gemahlene Mandeln
50 g gemahlene Haselnüsse
50 Backoblaten (Ø 4 cm)
100 g Kuvertüre

pro Stück 1 ProPoints Wert® | 176 kJ 42 kcal

1. 1 Teelöffel Zitronenschale abreiben. Zitronat und Orangeat fein hacken. Eier, Puderzucker, Zimtpulver, Salz, Nelken und Zitronenschale cremig rühren. Mandeln, Nüsse, Zitronat und Orangeat unterrühren und den Teig ca. 30 Minuten ruhen lassen. Backofen auf 160° C (Gas: Stufe 1, Umluft: 140° C) vorheizen.

2. Oblaten auf ein mit Backpapier ausgelegtes Backblech setzen, kleine Teighäufchen daraufsetzen und im Backofen auf mittlerer Schiene ca. 25 Minuten backen. Lebkuchen etwas abkühlen lassen. Für die Glasur Kuvertüre grob hacken und im warmen Wasserbad schmelzen. Lebkuchen zur Hälfte darin eintauchen, trocknen lassen und servieren.

Tipp:
In einer luftdichten Dose verpackt sind die Lebkuchen ca. 2 Wochen haltbar.

Amerikanische Cookies

Fertig in: 45 Minuten
Davon aktiv: 30 Minuten

Für 12 Stück:
25 g dunkle Schokolade
25 g Macadamianüsse
30 g Weichkaramellen
110 g Halbfettmargarine
50 g Zucker
120 ml Kondensmilch, 4 % Fett
160 g Mehl
1/2 TL Backpulver

pro Stück 4 ProPoints Wert | 592 kJ 142 kcal

1. Backofen auf 180° C (Gas: Stufe 2, Umluft: 160° C) vorheizen. Schokolade, Nüsse und Karamellbonbons grob hacken. Margarine, Zucker und Kondensmilch ca. 2–3 Minuten schaumig rühren. Mehl und Backpulver hinzufügen und zu einem glatten Teig verrühren.

2. Aus dem Teig 12 Cookies formen und auf ein mit Backpapier ausgelegtes Backblech legen. Schokoladen-, Nuss- und Karamellstücke mischen und Cookies damit bestreuen. Im Backofen auf mittlerer Schiene ca. 10–15 Minuten hellbraun backen, auskühlen lassen und servieren.

Tipp:
Luftdicht in einer Keksdose verpackt sind die Cookies ca. 2 Wochen haltbar.

Marzipanmakronen

Fertig in: 70 Minuten
Davon aktiv: 25 Minuten

Für 30 Stück:
70 g Marzipanrohmasse
2 Eiweiß
100 g Zucker
einige Tropfen Rumaroma

1. Backofen auf 120° C (Gas: Stufe 1, Umluft: 100° C) vorheizen. Marzipan in kleine Würfel schneiden. Eiweiß mit Zucker und Rumaroma steif schlagen und Marzipanwürfel vorsichtig unterheben.

2. Mit 2 Teelöffeln 30 kleine Eischneehäufchen auf 2 mit Backpapier ausgelegte Backbleche setzen und im Backofen auf mittlerer Schiene ca. 40–45 Minuten backen. Marzipanmakronen auskühlen lassen und servieren.

pro Stück 1 ProPoints Wert® | 109 kJ 26 kcal

Schokoladenkekse mit Espresso

Fertig in: 35 Minuten
Davon aktiv: 15 Minuten

Für 30 Stück:
100 g Halbfettmargarine
130 g Zucker
1 Ei
200 g Mehl
1/2 TL Backpulver
1 Espresso-Stick (Instantpulver)
115 g Schokoladentropfen (ersatzweise Raspelschokolade)

1. Backofen auf 180° C (Gas: Stufe 2, Umluft: 160° C) vorheizen. Margarine mit Zucker, Ei, Mehl, Backpulver und Espressopulver verrühren. 75 g Schokoladentropfen unter den Teig mischen.

2. Mit Hilfe von 2 Teelöffeln 30 kleine Teighäufchen auf ein mit Backpapier ausgelegtes Backblech setzen und auf mittlerer Schiene ca. 15 Minuten backen. Kekse auskühlen lassen.

3. Restliche Schokoladentropfen im warmen Wasserbad schmelzen, die Schokoladenkekse damit verzieren, fest werden lassen und servieren.

pro Stück 2 ProPoints Wert® | 305 kJ 73 kcal

Johannisbeerherzen

Fertig in: 2 Stunden 40 Minuten
Davon aktiv: 30 Minuten

Für 40 Stück:
150 g Halbfettmargarine
75 g Zucker
1 Päckchen Vanillezucker
200 g Mehl
1 TL Backpulver
100 g gemahlene Mandeln
1 Msp. gemahlene Nelken
100 g Johannisbeerkonfitüre
1 EL Puderzucker

pro Stück 2 ProPoints Wert | 255 kJ 61 kcal

1. Margarine, Zucker und Vanillezucker cremig rühren. Mehl mit Backpulver, Mandeln und Nelken mischen, dazugeben und zu einem glatten Teig verkneten. Teig in Folie gewickelt ca. 1 Stunde kalt stellen. Backofen auf 180° C (Gas: Stufe 2, Umluft: 160° C) vorheizen.

2. Teig portionsweise zwischen Frischhaltefolie ca. 3 mm dick ausrollen. 40 Herzen und 40 Herzrahmen ausstechen. Herzen und Herzrahmen auf 3 mit Backpapier ausgelegte Backbleche legen und nacheinander im Backofen auf mittlerer Schiene ca. 10–12 Minuten backen. Plätzchen auskühlen lassen.

3. Johannisbeerkonfitüre erwärmen und die Herzen damit bestreichen. Herzrahmen daraufsetzen, mit Puderzucker bestäuben und fest werden lassen. Johannisbeerherzen servieren.

Knusper-Schoko-Hügel

Fertig in: 40 Minuten
Davon aktiv: 25 Minuten

Für 35 Stück:
120 g Mehl
70 g grobe Haferflocken
80 g Cornflakes
2 TL Backpulver
6 EL Raspelschokolade
120 g Halbfettmargarine
1 Ei
2 EL fettarme Milch
120 g Zucker
50 g weiße Kuvertüre

pro Stück 2 ProPoints Wert | 306 kJ 73 kcal

1. Backofen auf 180° C (Gas: Stufe 2, Umluft: 160° C) vorheizen. Mehl, Haferflocken, Cornflakes, Backpulver und Raspelschokolade mischen. Margarine schmelzen und mit Ei, Milch und Zucker unter die Mehlmischung rühren.

2. Mit Hilfe von 2 Teelöffeln 35 kleine Teighäufchen auf 2 mit Backpapier ausgelegte Backbleche setzen und im Backofen auf mittlerer Schiene ca. 10–15 Minuten backen. Kuvertüre grob hacken und im warmen Wasserbad schmelzen. Kekse damit in feinen Linien garnieren, trocknen lassen und servieren.

Tipp:
Wenn Sie die Knusper-Schoko-Hügel gut verpacken, bleiben sie ca. 1 Woche haltbar.

Knusprige Honigplätzchen

Fertig in: 3 Stunden 10 Minuten
Davon aktiv: 45 Minuten

Für 55 Stück:
100 g flüssiger Honig
40 g Zucker
30 g Halbfettmargarine
250 g Mehl
1 TL Backpulver
1/2 TL Zimtpulver
1/2 TL Lebkuchengewürz
1 Ei
50 g Puderzucker
3 TL Wasser
2 EL silberne und goldene Zuckerperlen

pro Stück 1 ProPoints Wert | 136 kJ 33 kcal

1. Honig mit Zucker und Margarine unter Rühren ca. 5 Minuten erhitzen, bis sich der Zucker gelöst hat. Masse leicht abkühlen lassen. Mehl mit Back-, Zimtpulver und Lebkuchengewürz vermischen, mit Ei zur Honigmasse geben und zu einem glatten Teig verkneten. Teig in Folie gewickelt ca. 2 Stunden kalt stellen.

2. Backofen auf 200° C (Gas: Stufe 3, Umluft: 180° C) vorheizen. Teig portionsweise zwischen Frischhaltefolie ca. 3 mm dick ausrollen und 55 Sterne und Tannenbäume ausstechen. Mit einem Strohhalm ein Loch als Öse in jedes Plätzchen stechen. Plätzchen auf 2 mit Backpapier ausgelegte Backbleche legen, im Backofen auf mittlerer Schiene ca. 10 Minuten backen und auskühlen lassen.

3. Puderzucker mit Wasser zu einem glatten Guss verrühren. Plätzchen mit Zuckerguss und Zuckerperlen verzieren und trocknen lassen. Bänder durch die Löcher fädeln und die Plätzchen als essbare Deko an den Weihnachtsbaum hängen.

Idee:
Die Honigmasse kühlt schneller ab, wenn Sie den Topf in ein kaltes Wasserbad stellen.

Mandel-Karamell-Kringel

Fertig in: 60 Minuten
Davon aktiv: 30 Minuten

Für 30 Stück:
80 g Hartkaramellen
100 g Halbfettmargarine
100 g Zucker
1 Ei
175 g Mehl
1 TL Backpulver
75 g Speisestärke
60 g gehackte Mandeln
3 EL fettarme Milch

1. Hartkaramellen in einen Gefrierbeutel geben, in ein Küchentuch wickeln und mit einem Fleischklopfer oder Nudelholz zu Splittern zerkleinern. Margarine, Zucker und Ei verrühren. Mehl mit Backpulver und Stärke mischen und auf die Margarinemischung sieben. Mit 40 g Mandeln und Milch unterrühren. Backofen auf 180° C (Gas: Stufe 2, Umluft: 160° C) vorheizen.

2. Teig in einen Spritzbeutel mit großer Lochtülle füllen und 30 Kringel auf 2 mit Backpapier ausgelegte Backbleche spritzen. Bonbonsplitter in die Mitte der Kringel streuen und den Keksrand mit restlichen Mandeln bestreuen.

3. Plätzchen im Backofen auf mittlerer Schiene ca. 12–15 Minuten backen, auskühlen lassen und servieren.

pro Stück 2 ProPoints Wert | 335 kJ 80 kcal

Apfel-Hafer-Cookies

Fertig in: 60 Minuten
Davon aktiv: 25 Minuten

Für 40 Stück:
4 Äpfel (z. B. Cox Orange)
1 EL Zitronensaft
100 g Halbfettmargarine
80 g Zucker
2 Eier
100 g Mehl
1 Päckchen Backpulver
70 g Haferflocken
1 TL Zimtpulver

1. Backofen auf 180° C (Gas: Stufe 2, Umluft: 160° C) vorheizen. Äpfel waschen, vierteln, entkernen, grob raspeln und mit Zitronensaft beträufeln. Margarine, Zucker und Eier schaumig schlagen. Mehl mit Backpulver, Haferflocken, Apfelraspeln und Zimtpulver mischen, dazugeben und alles gut verrühren.

2. Mit Hilfe von 2 Teelöffeln 40 Teigkleckse mit ausreichend Abstand auf 3 mit Backpapier ausgelegte Backbleche geben und etwas flach drücken. Cookies im Backofen auf mittlerer Schiene ca. 30–35 Minuten backen und abkühlen lassen.

pro Stück 1 ProPoints Wert | 183 kJ 44 kcal

Schwarz-weiße Walnusssterne

Fertig in: 1 Stunde 55 Minuten
Davon aktiv: 40 Minuten

Für 50 Stück:
250 g Mehl
125 g Halbfettmargarine
1 Ei
60 g Zucker
1 Päckchen Vanillezucker
1 EL Kakaopulver
1/4 TL Zimtpulver
1 EL fettarme Milch
1 Eiweiß
3 EL gehackte Walnüsse

pro Stück 1 ProPoints Wert | 161 kJ 39 kcal

1. Für den hellen Teig Mehl mit Margarine, Ei, Zucker und Vanillezucker zu einem glatten Teig verkneten. Für den dunklen Teig ein Drittel abnehmen, Kakao- und Zimtpulver und Milch unterkneten. Beide Teige in Folie gewickelt ca. 1 Stunde kalt stellen.

2. Backofen auf 180° C (Gas: Stufe 2, Umluft: 160° C) vorheizen. Teige portionsweise zwischen Frischhaltefolie ca. 3 mm dick ausrollen. Aus dem hellen Teig 25 große, aus dem dunklen 25 kleine Sterne ausstechen.

3. Große Sterne auf 2 mit Backpapier ausgelegte Backbleche legen. Eiweiß kurz verquirlen und große Sterne damit bestreichen. Kleine Sterne daraufsetzen. Erneut mit Eiweiß bestreichen und mit Walnüssen bestreuen. Plätzchen im Backofen auf mittlerer Schiene ca. 15 Minuten backen, auskühlen lassen und servieren.

Ananas

Äpfel

Aprikosen

Bananen

Beeren

Birnen

Erdbeeren

Feigen

Heidelbeeren

Himbeeren

Karotten

Kirschen

Kokos

fertig in 30 Minuten

fertig in 45 Minuten

fertig in 60 Minuten

raffiniert

sahnig & cremig

schmeckt Kindern

schokoladig

unkompliziert

weihnachtlich

Jetzt liebe ich es, gesund zu kochen!

Seit Nadine das Weight Watchers Programm macht, genießt sie ein ganz neues Lebensgefühl, und ihre Familie und Freunde werden mit leckeren Mahlzeiten verwöhnt. Aber vor allem hat die 25-Jährige seither über 25 Kilo abgenommen und ihr Selbstvertrauen wiedergewonnen:

Ich lebe mit meiner Mutter und ihrem Freund in Bochum. Seit Anfang letzten Jahres bin ich fürs Kochen zuständig. Das war vor Kurzem noch unvorstellbar, denn da ging es immer nur darum, schnell mal irgendwas zwischendurch zu essen. Als ich mein Bachelor-Studium anfing, geriet mein Alltag völlig durcheinander, und zwischen Universität und Arbeit habe ich immer nur nebenbei gegessen. Ich habe relativ wenig gegessen, aber sehr fettig, gehaltvoll und ungesund. Es gab fast ausschließlich Pommes, Jägerwurst und sehr viel Süßkram. Ich nahm stetig zu, und irgendwann konnte ich nicht mehr ignorieren, dass ich Übergewicht hatte. Ich fühlte mich sehr unwohl und habe viel geweint. Klamotten kaufen war ein Horror für mich. Ich trug nur noch Leggings, und ich ging jedem Fotoapparat aus dem Weg.

Als ich dann doch ein Foto von mir sah, erschrak ich sehr. Mir wurde klar, dass es so nicht mehr weiter gehen konnte und dass ich sehr viel abnehmen musste – und zwar nachhaltig. Ich machte Nägel mit Köpfen und ging zum Weight Watchers Treffen in Herne-Eickel. Der Coach konnte mich sehr motivieren, und die Atmosphäre in der Gruppe war toll, sodass ich mir diese Aufgabe zutraute. Ich ging jede Woche zum Treffen, das Programm gefiel mir gut und war ganz einfach in mein Leben zu integrieren. Der Austausch in der Gruppe gab mir den Halt, um nicht aufzugeben, und mit dem *ProPoints®* Plan lernte ich viel über gesunde Ernährung. Seitdem trinke ich viel mehr und esse jetzt regelmäßig: es gibt Frühstück, Mittag- und Abendessen, und Obst und Gemüse stehen ganz oben auf meinem Speiseplan.

Kochen machte mir plötzlich Spaß, und ich erkannte, wie einfach es ist, Mahlzeiten für unterwegs vorzubereiten, mit etwas Planung gesunde und sättigende Gerichte für alle zu zaubern oder eine Party mit einem gesunden Buffet auszustatten. Allen schmeckte es, und bei mir purzelten die Pfunde! Bereits in der ersten Woche habe ich zwei Kilo abgenommen, und nach sieben Monaten war es vollbracht: Ich hatte mein Traumgewicht erreicht! Ich fühle mich viel fitter und bin glücklich und superstolz!

„Wenn ich das geschafft habe, schaffe ich alles andere auch. Ich wünsche allen, die sich auch so ein Ziel gesetzt haben, viel Erfolg!"

Wenn Sie wie Nadine durchstarten möchten, schauen Sie bei einem Weight Watchers Treffen in Ihrer Nähe vorbei:
www.weightwatchers.de/treffenfinden

www.weightwatchers.de/monatspass

„Meine Lieblingsrezepte aus diesem Backbuch sind Birnen-Walnuss-Tarte (S. 48) und die Erdbeer-Schokoladen-Torte (S. 121)."

IMPRESSUM

Redaktion:
Weight Watchers
Ewa Tacke, Claudia Thienel

Realisierung:
The Food Professionals Köhnen AG, Sprockhövel

Projektleitung:
Silke Höpker

Rezepte:
Insa Weißpfennig

Versuchsküche:
Alexandra Wittenstein

Fotografie:
Klaus Arras, Dirk Przibylla, Stefan Schulte-Ladbeck
Seiten U2, U3, U4, 2–5, 30, 80: Thinkstock

Foodstyling:
Katja Briol, Stefan Mungenast, Christa Schraa

Gestaltungskonzept und Grafik:
The Food Professionals Köhnen AG, Sprockhövel
Petra Penker, Stefan Windus

Druck:
Paffrath Print & Medien GmbH, Remscheid

1. Auflage 2013
ISBN 978-3-9814555-7-1

Info-Hotline 01802-23 45 64* (Deutschland)
www.weightwatchers.de

*0,06 €/Anruf aus dem deutschen Festnetz. Mobilfunk höchstens 0,42 €/Minute.

PEFC/04-31-1066

PEFC zertifiziert
Dieses Papier stammt aus nachhaltig bewirtschafteten Wäldern und kontrollierten Quellen.

www.pefc.de